高等职业教育"十三五"规划教材

邮政电子商务实务

主　编　孙　博
副主编　张　新　李　颖
　　　　高　琦　阮志琳

北京邮电大学出版社
www.buptpress.com

内 容 简 介

"邮政电子商务实务"课程是电子商务专业的核心课程之一。本书主要涵盖了邮政电子商务的概况、邮政电子商务系统、邮政农村电子商务、邮政电子商务业务4个方面的内容。本书技术方面涵盖了邮政电子商务信息平台、邮政业务网站、11185客户服务中心系统、邮政短信接入系统、CPCA系统、ERP系统和CRM系统等邮政电子商务系统项目；业务方面对中国邮政"互联网＋邮政"探索的简易险、邮印象、邮惠万家等项目进行了针对性介绍。本书的特色在于对中国邮政集团公司承接国家乡村振兴战略的邮政特色战略性业务——农村电子商务业务——进行了重点介绍，对其业务发展背景、特征、模式、具体操作方式等进行了全面讲解。

在使用本书进行教学的过程中推荐采用"项目导向、任务驱动"的教学模式，对本书加以解构，将相关知识点整合成为项目，然后再将项目细分为若干任务，学生通过完成任务进而掌握知识。

图书在版编目(CIP)数据

邮政电子商务实务 / 孙博主编. -- 北京：北京邮电大学出版社，2019.2(2024.1重印)
ISBN 978-7-5635-5684-7

Ⅰ. ①邮… Ⅱ. ①孙… Ⅲ. ①邮政－电子商务－高等学校－教材 Ⅳ. ①F713.36

中国版本图书馆 CIP 数据核字(2019)第 037450 号

书　　名：	邮政电子商务实务
主　　编：	孙　博
责任编辑：	徐振华　孙宏颖
出版发行：	北京邮电大学出版社
社　　址：	北京市海淀区西土城路 10 号(邮编：100876)
发 行 部：	电话：010-62282185　传真：010-62283578
E-mail：	publish@bupt.edu.cn
经　　销：	各地新华书店
印　　刷：	北京虎彩文化传播有限公司
开　　本：	787 mm×1 092 mm　1/16
印　　张：	11
字　　数：	272 千字
版　　次：	2019 年 2 月第 1 版　2024 年 1 月第 2 次印刷

ISBN 978-7-5635-5684-7　　　　　　　　　　　　　　　定　价：29.00 元

· 如有印装质量问题，请与北京邮电大学出版社发行部联系 ·

前　言

邮政作为国家重要的社会公用事业,近年来发展突飞猛进、成绩显著,尤其是伴随着电子商务的发展,其基础性、战略性、公益性的地位进一步巩固,是关乎国计民生的一支不可或缺的重要力量。

中国邮政集团公司是拥有近百万名员工、历经一百二十余年发展的网络型、集团化的大型央企,肩负着企业经营和公共服务双重职责,已形成包含邮务、速递、金融三大板块的业务格局,5.2万个邮政支局(所)遍布全国,在《财富》世界500强排名中位居第105位,在世界邮政中排名第2位。

20世纪90年代,随着国内经济和技术的飞速发展,信息化逐渐成为社会发展的主流趋势,中国邮政根据市场形势,开始在全国邮政系统内建设信息化工程,自此中国邮政就从信息化开始,逐步构建具备邮政特色的电子商务发展道路。自2015年3月5日中华人民共和国第十二届全国人民代表大会第三次会议上,李克强总理提出制定"互联网＋"行动计划,中国邮政也开始了"互联网＋邮政"的发展探索。

在20余年的发展过程中,中国邮政已经形成了具备邮政特色的电子商务业务体系和邮政企业特有的信息系统,以此为现实基础,石家庄邮电职业技术学院课程团队与全国邮政电子商务运营中心开展了深度校企合作,共同开发了"邮政电子商务实务"课程和配套教材。

"邮政电子商务实务"是高等职业院校邮政类、电子商务类专业的必修课程,本书作为该课程的核心教材,可用于普通高等职业学校、高等专科学校、应用型本科院校的教学,以及邮政员工能力提升的培训。全书共有邮政电子商务的概况、邮政电子商务系统、邮政农村电子商务、邮政电子商务业务4章。本书技术方面涵盖了邮政电子商务信息平台、邮政业务网站、11185客户服务中心系统、邮政短信接入系统、CPCA系统、ERP系统和CRM系统等邮政电子商务系统项目;业务方面对中国邮政"互联网＋邮政"探索的简易险、邮印象、邮惠万家等项目进行了介绍。另外,本书对中国邮政集团公司承接国家乡村振兴战略的特色业务——农村电子商务业务——进行了详细讲解。

本书的前身为"邮政电子商务实务"的课程讲义,于2013年4月完成第1版,并在之后的使用中不断更新完善,最终于2018年10月完成现在的版本。本书的编写人员有来自石家庄邮电职业技术学院的孙博、张新、李颖、高琦4位老师,还有来自全国邮政电子商务运营中心的阮志琳、陈析霖、龚园园、陈明、蓝智强、邓浠静、董诗卉、叶英、石晓、邓小龙、罗伟华、兰军奎和刘翅等多位企业一线专家。

  本书是编者集体智慧的结晶，书中内容难免有错漏之处，恳请读者批评指正！

孙 博

2018年10月于石家庄

目　　录

第 1 章　邮政电子商务的概况 ·· 1

1.1　邮政电子商务的发展历程 ·· 1
1.1.1　传统邮政阶段 ·· 1
1.1.2　电子商务阶段 ·· 1
1.1.3　"互联网＋"阶段 ··· 3
思考题 ··· 3
实践题 ··· 3

1.2　邮政电子商务的定位与特征 ·· 4
1.2.1　邮政电子商务的定位 ·· 4
1.2.2　邮政电子商务的特征 ·· 4
思考题 ··· 5

1.3　邮政电子商务的业务体系 ·· 5
1.3.1　农村电商 ·· 5
1.3.2　邮乐网 ·· 6
1.3.3　分销业务 ·· 6
1.3.4　网上营业厅 ··· 7
1.3.5　集邮网厅 ·· 8
1.3.6　增值业务 ·· 8
1.3.7　客服业务 ·· 10
思考题 ··· 10
实践题 ··· 10

1.4　邮政电子商务的渠道体系 ·· 10
1.4.1　互联网渠道 ··· 10
1.4.2　手机 App 渠道 ·· 11
1.4.3　微信渠道 ·· 13
1.4.4　邮政线下渠道 ··· 15
实践题 ··· 15

第 2 章　邮政电子商务系统 ·· 16

2.1　邮政电子商务信息平台 ·· 16

2.1.1 邮政电子商务信息平台的概念 …………………………………………… 16
   2.1.2 邮政电子商务信息平台的架构 …………………………………………… 17
   2.1.3 邮政电子商务信息平台的功能 …………………………………………… 19
 2.2 邮政业务网站 …………………………………………………………………… 24
   2.2.1 邮政业务网站的概念 …………………………………………………… 24
   2.2.2 邮政业务网站的构架 …………………………………………………… 24
   2.2.3 邮政业务网站系统的主要功能 …………………………………………… 25
 2.3 11185客户服务中心系统概况 …………………………………………………… 27
   2.3.1 11185客户服务中心系统的构架 ………………………………………… 27
   2.3.2 11185客户服务中心系统的主要功能 …………………………………… 30
 2.4 邮政短信接入系统 ……………………………………………………………… 34
   2.4.1 邮政短信接入系统的概念 ……………………………………………… 34
   2.4.2 邮政短信接入系统的构架 ……………………………………………… 34
   2.4.3 邮政短信接入系统的主要功能 …………………………………………… 36
 2.5 CPCA系统 ……………………………………………………………………… 38
   2.5.1 CPCA系统的概念 ……………………………………………………… 38
   2.5.2 CPCA系统的构架 ……………………………………………………… 38
   2.5.3 CPCA系统的主要功能 ………………………………………………… 41
 2.6 ERP系统 ………………………………………………………………………… 42
   2.6.1 项目概述 ………………………………………………………………… 42
   2.6.2 邮政ERP系统 …………………………………………………………… 43
   2.6.3 中国邮政ERP系统运行支持体系 ……………………………………… 44
   思考题 …………………………………………………………………………… 45
 2.7 CRM系统 ………………………………………………………………………… 45
   2.7.1 CRM系统建设概述 ……………………………………………………… 45
   2.7.2 CRM系统建设目标与内容 ……………………………………………… 45
   2.7.3 价值评估简介 …………………………………………………………… 47
   思考题 …………………………………………………………………………… 48

第3章 邮政农村电子商务 ……………………………………………………………… 49
 3.1 实施农村电子商务的背景 ……………………………………………………… 49
   3.1.1 国家政策支持力度不断加大 …………………………………………… 49
   3.1.2 农村电子商务市场潜力巨大 …………………………………………… 52
   3.1.3 邮政将农村电商列为战略重点 ………………………………………… 54
 3.2 农村电子商务的特征 …………………………………………………………… 54
   3.2.1 农村电商基础设施不断完善 …………………………………………… 54
   3.2.2 农村网购优势明显 ……………………………………………………… 54
   3.2.3 农村电商发展困难重重 ………………………………………………… 58

3.3 典型电商企业的农村电商战略 ····· 59
3.3.1 阿里巴巴的农村电商战略 ····· 59
3.3.2 京东的农村电商战略 ····· 65
3.3.3 中国邮政的农村电商战略 ····· 70
思考题 ····· 76

3.4 常见的农村电商模式 ····· 76
3.4.1 遂昌模式 ····· 76
3.4.2 临安模式 ····· 78
3.4.3 产业集群模式 ····· 81

第4章 邮政电子商务业务 ····· 82

4.1 邮乐网 ····· 82
4.1.1 邮乐网概述 ····· 82
4.1.2 邮乐网的业务流程 ····· 82
思考题 ····· 90
实践题 ····· 90

4.2 集邮网厅 ····· 91
4.2.1 集邮网厅概述 ····· 91
4.2.2 集邮类垂直电商平台对比 ····· 94
4.2.3 集邮网厅系统简介 ····· 97
4.2.4 集邮网厅的运营与管理 ····· 101
4.2.5 集邮网厅的业务流程 ····· 106
思考题 ····· 112
实践题 ····· 112

4.3 增值业务 ····· 112
4.3.1 生活缴费 ····· 112
4.3.2 商旅票务 ····· 114
4.3.3 短信业务 ····· 117
思考题 ····· 120
实践题 ····· 121

4.4 简易险项目 ····· 121
4.4.1 简易险项目概述 ····· 121
4.4.2 类似企业保险商城应用对比 ····· 123
4.4.3 系统功能介绍 ····· 125
4.4.4 简易险微商城的项目管理 ····· 129

4.5 邮印象 ····· 130
4.5.1 邮印象项目简介 ····· 130
4.5.2 邮印象的使用技巧 ····· 132
4.5.3 定制业务流程介绍 ····· 135

思考题 ……………………………………………………………………… 135
　　实践题 ……………………………………………………………………… 135
4.6　邮惠万家 …………………………………………………………………… 136
　　4.6.1　邮惠万家项目简介 ……………………………………………… 136
　　4.6.2　邮惠万家各系统定位功能的对比 ……………………………… 137
　　4.6.3　邮惠万家系统架构和功能 ……………………………………… 138
　　思考题 ……………………………………………………………………… 142
　　实践题 ……………………………………………………………………… 142
4.7　优阅中国 …………………………………………………………………… 142
　　4.7.1　项目背景 ………………………………………………………… 142
　　4.7.2　项目概述 ………………………………………………………… 143
　　4.7.3　项目意义 ………………………………………………………… 146
　　思考题 ……………………………………………………………………… 146
　　实践题 ……………………………………………………………………… 146
4.8　线上报刊订阅 ……………………………………………………………… 146
　　4.8.1　项目简介 ………………………………………………………… 146
　　4.8.2　在线报刊订阅的框架设计 ……………………………………… 147
　　4.8.3　微信报刊订阅的主要操作 ……………………………………… 150
　　4.8.4　微信报刊订阅的营销推广 ……………………………………… 155
　　4.8.5　微信报刊管理后台的主要操作 ………………………………… 159
　　4.8.6　在线报刊订阅的发展趋势 ……………………………………… 162
　　思考题 ……………………………………………………………………… 163
　　实践题 ……………………………………………………………………… 163
4.9　网厅客服支撑 ……………………………………………………………… 163
　　4.9.1　主要职责 ………………………………………………………… 163
　　4.9.2　主要业务工作流程 ……………………………………………… 164
　　思考题 ……………………………………………………………………… 165
　　实践题 ……………………………………………………………………… 165

参考文献 ……………………………………………………………………………… 166

第1章 邮政电子商务的概况

进入20世纪90年代,随着国内经济和技术环境的飞速发展,信息化逐渐成为社会发展的主流趋势,中国邮政根据市场形势,开始在全国邮政系统内建设信息化工程,自此中国邮政就从信息化开始,逐步走上了电子商务的发展道路。

在2015年3月5日中华人民共和国第十二届全国人民代表大会第三次会议上,李克强总理提出制定"互联网+"行动计划,中国邮政也开始了"互联网+邮政"的发展探索。

1.1 邮政电子商务的发展历程

1.1.1 传统邮政阶段

新中国成立后,于1949年11月1日设立邮电部,统一管理全国邮政和电信事业,确定邮政名称为"中国人民邮政",从此,开始了近50年的政企合一、邮电合一的经营模式。

1986年12月2日《中华人民共和国邮政法》在第六届全国人民代表大会常务委员会第十八次会议上获得通过,自1987年1月1日起生效,这是我国第一部邮政法律。这部邮政法确定了邮政政企合一的运营模式,规定了邮政普遍服务的功能和邮政专营权的范围。

1998年3月10日,信息产业部成立,随后邮电分营,成立了国家邮政局。国家邮政局既对全国邮政业进行管理,又提供邮政服务业务。2007年1月29日,中国邮政集团公司与国家邮政局挂牌成立,随后,各省级邮政监管机构和邮政公司陆续挂牌。重组后的国家邮政局是信息产业部管理的国家邮政监管机构,实行政企分开,继续行使政府对邮政的监督管理职能,企业职能剥离给新组建的中国邮政集团公司。新组建的中国邮政集团公司主要从事普遍服务业务、竞争性业务,包括快递和物流业务与邮政储蓄业务。

我们这里所说的传统邮政业务主要与电子商务业务相对而言,具体包括传统的信函、邮政汇兑、包裹、报刊发行、特快专递、集邮、邮政储蓄、商业信函、中邮专送广告、邮资广告明信片、企业拜年卡、账单以及音像制品与图书发行等业务。

1.1.2 电子商务阶段

1997年至2015年是邮政电子商务发展的第二阶段——电子商务阶段。在这一阶段,邮政电子商务的发展以信息化建设为驱动,在发展战略、网络平台构造、应用系统建设、管理体系建立等方面取得了一定的成绩,具体发展情况如下。

1997年,部分省的邮政网站开通,陕西、广东、浙江等省都较早开通了本省的邮政网站。

2000年3月,国家邮政局在广州召开全国电子邮政工作会,中国邮政作为政府电子商务试点单位,启动了电子邮政示范工程。

2001年至2003年,陆续完成了邮政电子商务183网站、11185客户服务中心、支付网关、CPCA(中国邮政安全认证中心)等系统的建设,为邮政开展电子商务奠定了基础。

2002年至2004年,各省邮政局陆续开发并建设了基于邮政储蓄系统的综合服务平台。

2006年,建成全国邮政短信网关和邮政短信接入系统,为邮政短信业务的快速发展奠定了技术基础。

2007年,邮政公司化运营后,集团公司在邮政业务局设立电子商务处,使得电子商务专业的管理职责更加明晰。

2008年,全面改造和建设邮政电子商务平台系统,同时开始改造和建设全国邮政11185客户服务中心系统。

2008年至2009年,全国邮政11185客户服务中心系统省集中改造工程顺利完成,全国建成32个以省、市、自治区集中的11185客户服务中心,拥有座席数4 000余个。

2009年9月,中邮电子商务有限公司成立,中国邮政电子商务开始以独立法人身份正式对外开展业务。

2010年4月,中国邮政集团公司与中国民航信息网络股份有限公司(简称"中航信")进行战略合作,全国邮政电子商务平台航空票务系统与中航信一站式平台进行对接。

2010年8月,中国邮政集团公司联手TOM集团宣布开通B2C购物网站——邮乐网(www.ule.com.cn),如图1-1所示。

图1-1 邮乐网首页

2010年年底,全新的邮政业务网站——网上营业厅(www.11185.cn)——开发完成,并正式上线,实现了多种邮政业务的网上受理,如图1-2所示。

图 1-2 中国邮政网上营业厅

2014年,中国邮政App正式上线,是中国邮政集团公司的官方服务平台,是集邮政业务办理、优惠活动等服务为一体的智能手机客户端应用程序,服务涵盖了邮件查询、EMS寄递、报刊订阅、简易保险、主题邮局、车务代办等多项业务模块,方便用户随时随地享受邮政特色服务。

1.1.3 "互联网+"阶段

在政府大力推进"互联网+"战略的背景下,中国邮政集团公司在2015年也开始了"互联网+"的探索,中国邮政的"互联网+"是对整个邮政业务的改革探索,并不只是局限在电子商务相关业务。但这里主要从电子商务视角出发,仅仅关注与电子商务相关的"互联网+"邮政业务转型发展的内容,而不是全面阐述"互联网+邮政"。

中国邮政通过运用信息技术在本地生活服务、车务服务、报刊订阅、微信营销等方面进行了大胆的尝试和业务创新,逐步形成了邮惠生活、简易车险、慧阅读、大微信等具备"互联网+邮政"特征的新型业务。这些业务有一个共同特征,就是以互联网为手段,对传统业务进行业务流程优化和改造,进而形成新的业务形式。

思考题

1. 中国邮政电子商务的发展与社会电商企业(如阿里巴巴、京东)有何不同?
2. 说出你身边的"互联网+邮政"的新业务形式。

实践题

1. 访问中国邮政网上营业厅(www.11185.cn),体验网上营业厅提供的服务内容。
2. 下载中国邮政App并体验App的功能,提出改进意见。

1.2 邮政电子商务的定位与特征

1.2.1 邮政电子商务的定位

在 2008 年南京召开的中国邮政电子商务工作会议上,中国邮政确立了电子商务在邮政改革和发展中的重要战略地位。之后随着电子商务在我国的应用和发展,为充分发挥邮政发展电子商务的基础资源优势,集团公司将邮政电子商务定位为:支撑,服务,运营。即依靠科技进步,发挥网络优势,整合内外资源,搭建电子商务平台,将邮政电子商务作为现代邮政的主流业务和核心竞争力。

其具体含义有 3 个方面:第一是要实现邮政业务的电子化,建设电子商务平台,打造网上邮局、电话邮局、手机邮局,为用户提供方便、快捷的新型邮政服务,降低成本,提高效益,支撑邮政业务在创新中高速发展;第二是要依托"三流合一"的优势,深化与社会电子商务公司的合作,开展对外服务,为社会电子商务公司提供全面的信息传递、物流配送和资金结算等服务,树立邮政电子商务服务商的品牌;第三是要在做好支撑和服务的基础上,建设和运营中国邮政的电子商务平台,实现邮政网点、邮政业务网站、11185 客户服务中心多渠道、全方位的组合营销和服务,形成集销售和配送于一体,网上网下相结合,数万网点联动的全国化电子商务购物平台,逐步打造邮政电子商务运营商品牌。

2014 年,中国邮政集团公司提出了"以发展电子商务推动转型发展"的发展思路,确立了"互联网+邮政"的发展模式,并在随后的两年里多次强调要用互联网思维谋划邮政的转型发展,深入推进邮政业务电子商务化,同时把农村电子商务列为集团公司的战略重点。至此邮政电子商务明确、全面的定位已经形成,即发展电子商务是中国邮政集团公司改革发展的重要战略手段,并将农村电子商务作为发展的战略重点。

1.2.2 邮政电子商务的特征

(1)"三流合一"

邮政是唯一同时拥有实物流、资金流、信息流的企业,能够实现"网上订购、在线支付、商品配送"的电子商务产业链全过程,如图 1-3 所示。在电子商务时代,实物流、资金流和信息流都是不可或缺的,"三流合一"就成了邮政发展电子商务极大的核心优势。

图 1-3 中国邮政"三流合一"

(2) 品牌形象好

品牌是企业最重要的无形资产,进入电子商务时代,品牌效应将发挥更大的作用。中国邮政拥有百年品牌信誉,经过多年营运,深入千家万户的普遍服务赢得了消费者的信任,在用户中树立了诚实可信的品牌形象。这在注重企业信誉的电子商务时代无疑将成为中国邮政的又一核心竞争力。

(3) 渠道资源丰富

中国邮政渠道资源丰富,网点星罗棋布,自有网点、社会网点等销售渠道覆盖全国,渠道优势得天独厚。在这个"渠道为王"的时代,丰富的渠道资源为邮政电子商务的全面发展赢得了客户,并向客户提供方便快捷的新型邮政服务,为邮政业务发展提供新的支撑。

(4) 平台功能强大

邮政平台建设为邮政电子商务的快速发展提供了有效的技术保障。电子商务信息平台在全国范围内提供航空机票、世博会门票、爱心包裹以及交通意外险销售服务;11185 客户服务中心为客户提供业务咨询、信息查询以及部分邮政业务的电话受理。中国邮政全力打造的邮乐网全面运行,标志着中国邮政全面参与 B2C 购物领域。此外,其他相关支撑系统也在逐步完善中,并形成了与业务办理渠道相配套的支付和认证体系。系统平台的日益完善为邮政电子商务的发展打下了良好的基础,提供了强有力的技术支撑。

思考题

1. 中国邮政发展电子商务业务有哪些劣势?
2. 分析中国邮政未来电子商务的发展方向。

1.3 邮政电子商务的业务体系

目前,根据邮政电子商务的业务内容、客户群体和受理渠道,邮政电子商务可分为农村电商、邮乐网、分销业务、网上营业厅、集邮网厅、增值业务和客服业务等 7 类业务。这 7 类业务构成了中国邮政电子商务的主要业务体系。

1.3.1 农村电商

邮政农村电商是指依托中国邮政网络平台,为从事涉农领域的生产经营主体提供在网上完成产品或服务的销售、购买和电子支付等业务交易的过程。

从性质上看,中国邮政开展农村电商业务是贯彻党中央提出的"四个全面"战略布局,落实"创新、协调、绿色、开放、共享"五大发展理念,深化邮政改革,进一步服务"三农"的切实行动;是提升邮政普遍服务供给的有效性和适应性,推进普遍服务均等化和便捷化的重要手段。

邮政农村电商业务主要涵盖批销业务、代购业务和农产品返城。

① 批销业务是指中国邮政基于邮掌柜系统的进销存数据分析,通过与商品上游供应商议价,在降低店主进货成本的同时,将涉农领域的产品或服务通过邮政渠道优势批量销售至

农村市场,是中国邮政进军农村商品流通市场、打造农村电商新增长极的核心业务与基础性业务。批销业务采取"平台+自营"模式进行,平台创规模,自营创效益。平台模式容易快速形成基础流量,提升零售商黏性,以县域代理商的集中品牌的畅销快消品为主,如牛奶、啤酒、火腿肠、方便面、饮料等。自营产品则以分散品牌的快消品、农资、小商品、家电、服装为主,如母婴用品、休闲食品、文具、调味品、日化用品等。

② 代购业务是中国邮政依托"邮乐购"站点,针对农村地区日益增长的中高档耐用品需求与商品流通体系不健全的矛盾,将消费者需求产品配送到农村市场的过程。代购业务是中国邮政定位于农村有需求而不会网购的消费群体,充分调动线上线下资源,组织各省市因地制宜地引入具有区域性特点的优质产品,拓展农村电商市场,促进农村商品流通,如邮乐购店掌柜通过"邮掌柜"系统帮附近村民采购邮乐网"代售专区"的产品或服务。

③ 农产品返城是指中国邮政立足于服务"三农",助力精准扶贫,依托邮乐农品网,力争打造一个农产品、手工艺品、乡村旅游等农村特色商品交易市场,如图1-4所示。

图1-4 农产品返城

1.3.2 邮乐网

邮乐网是中国邮政集团公司联合TOM集团共同推出的品牌商品B2C网上商城,用户通过邮政提供的多渠道交互方式,包括互联网、移动终端、呼叫中心、邮政网点、便民服务站等,购买邮乐网上的商品,中国邮政为用户提供支付、配送等一系列服务。中国邮政控股,占股51%,负责提供销售、物流、收款和仓储服务;TOM集团占股49%,并提供技术、运营等资源。

邮乐农品网是中国邮政集团贯彻落实中央一号文件精神,以服务"三农"、促进地方经济和社会发展为宗旨,与政府部门共同打造的具有全国影响力的农产品交易平台。

邮乐农品网以开放平台为依托,借助政府引导,集线上线下一体化运营的优选农产品直销商城,致力于将健康、优质的农产品从田间送到餐桌、从枝头送到舌尖,帮助涉农企业以及自产自销农民逐步实现农产品进城电子商务化,为广大消费者提供安全、绿色、健康的农产品,实现"惠农、利企、惠民"。

1.3.3 分销业务

邮政分销业务以邮政网络为基础,以服务"三农"为己任,具有覆盖面广、可信度高、服务针对性强、综合成本低、社会信誉好等特性。

邮政分销业务产品种类繁多,密切服务农业生产与农民生活,从日化用品、酒水副食、农副产品到地方特产,甚至到农药化肥等。邮政分销业务有效地利用了邮政的网络资源、社会资源和品牌资源,服务了社会,方便了大众,尤其是农村居民。

邮政通过提供高科技的农资产品,为农民与农资工商企业间架起了一座桥梁;通过与知名农资企业合作,凭借自身网络优势,既整合了社会资源,又避免了重复建设,使农资生产企业将精力投放到生产和研发上;邮政服务"三农"有效地解决了政府服务"三农"的依托企业问题,为全社会其他行业做出了表率,影响和带动了一批企业参与到服务"三农"的工作中来。

1.3.4 网上营业厅

中国邮政网上营业厅(以下简称"网厅")作为中国邮政互联网服务渠道,目前具备邮件查询、邮编查询、集邮防伪码查询、资费计算、生活缴费、机票预订、易邮自提等功能,如图 1-5 所示,与贺卡 DIY、集邮网厅、报刊订阅网实现了客户统一登录,与邮乐网和中邮理财网实现了链接跳转,同时设置专属"楼层"推荐邮乐精品和爆款商品。截至 2017 年 4 月底,网厅注册用户达 1 027.81 万人,其中集邮用户为 654 万人。

由于网厅系统功能老化,已经不再适应业务发展需要,且与集团各版块、各专业、各省市的业务网站各自为政,无法形成合力等,2015 年开始建设中国邮政在线业务平台(以下简称"在线业务平台"),以邮政业务网站为基础,重新规划构建各互联网渠道,真正实现渠道的整合发展,上线后会替代现有在线渠道。为了更好地支撑在线业务平台的运营工作,中国邮政集团公司成立了专门的运营支撑团队,具体支撑工作包括:网站"橱窗"和广告位的维护与更新;网站 UI 设计及图片美工;网站二级域名的分配与管理;链接管理;网站备案、网站经营资质增项的申请;客户投诉问题的处理;与相关业务部门的协调等。

图 1-5 网上营业厅

1.3.5 集邮网厅

中国邮政集邮网上营业厅是由中国邮政集团公司、中国集邮总公司及全国各省市集邮公司携手打造的集集邮交流、票品欣赏、集邮文化传播、交易于一体的集邮线上综合服务平台,如图1-6所示。凭借中国邮政的资源优势和专业经验,其充分体现了中国邮票、邮品的魅力。中国邮政集邮网上营业厅覆盖全国,拥有全面、可靠、完善的物流配送系统。

图1-6 中国邮政集邮网上营业厅首页

1.3.6 增值业务

按照邮政电子商务专业内容、客户群体和受理渠道划分,邮政电子商务增值类业务可分为以下四大类:生活缴费业务、商旅票务业务、短信业务和车务代办业务。

(1)生活缴费业务

生活缴费业务是中国邮政电子商务最早开办的业务之一,业务范围主要是公共事业缴费和话费充值。

① 公共事业缴费

公共事业缴费是指按照与委托单位签订的协议,为委托单位收取某项费用,并通过归集、转账的方式将资金划至委托单位账户的业务,目前邮政生活缴费可承接社会水、电、煤气、有线电视和轨道交通费的代收。

② 话费充值

话费充值是指利用计算机网络及遍布城乡的邮政线下网点,通过与各通信运营商合作代收话费的业务,话费充值可以提供中国移动、中国联通、中国电信公司的移动、宽带费用充值服务。话费充值业务目前在邮生活App、邮乐网首页均有相应功能接口。

(2) 商旅票务业务

商旅票务业务是指邮政企业利用邮政线上产品及线下网点渠道,为客户提供航空票、酒店和景点门票的预订服务。商旅票务业务以客户需求为中心,通过整合 11185 客户服务中心、线上渠道平台,借助航空、酒店、旅游景点等资源,在邮政网上营业厅、手机邮局等渠道上统一呈现,进一步实现线上线下全面深度融合。

(3) 短信业务

邮政短信业务是依托邮政行业内部业务资源,根据用户的需求,把邮政各专业,包括储蓄、汇兑、窗口速递、包裹、集邮等业务提供的相关服务、通知信息,以手机短信方式传递给用户的一项增值业务。

① 储蓄短信

邮政储蓄账户短信业务是在全国邮政短信业务接入系统的基础上,依托中国移动、中国联通、中国电信等运营商的移动短信平台,利用邮政和社会的各种资源,为用户提供的一项手机短信服务业务。用户可通过手机点播或网点窗口定制的方式得到邮政提供的短信服务,如活期账户余额查询、活期账户变动通知等。开办此项业务,用户随时随地都能知道自己账户中存款余额和存取情况。

② 速递短信

EMS 寄达短信业务是基于全国邮政短信业务接入系统和邮政速递综合信息处理平台开发的增值业务,以短信形式为用户提供邮政速递邮件相关信息通知服务。EMS 寄达回音业务按件计收,用户在窗口交寄 EMS 邮件时提出加办申请,经过后台处理,其所寄 EMS 邮件被收件人签收后,寄件人指定手机将收到妥投短信。

③ 集邮短信

集邮短信业务是在全国邮政短信业务接入系统的基础上,依托集邮业务管理系统,通过中国移动、中国联通、中国电信等运营商的移动平台,为用户提供短信服务。该业务可通过集邮联网网点窗口定制的方式加办。可开办新邮预订通知、新邮预订征订、预订取票通知、集邮品推荐 4 种集邮短信业务。

④ 包裹短信

包裹短信业务是指通过邮政线上/线下渠道,获取用户信息,通过短信系统指定发送包裹寄递信息、包裹揽收信息、包裹送达信息和物流追踪信息的服务。

(4) 车务代办业务

车务代办业务是指中国邮政对社会车主提供的一系列车务服务,如车船税、车驾管、车证照、车辆保险、ETC 充值等代办服务。车务代办业务可以实现全国性统一办理,需要集团公司与公安部建立总对总的数据接口对接,并且公安部提供的接口具备可以办理违规简易处罚功能。同时车务代办业务预留省内与交管部门对接的接口,对实现与本省或地市交管部门系统对接提供支持。

车务代办业务是在自邮一族的基础上发展过来的,部分省市还在开办自邮一族业务。

自邮一族业务指中国邮政为车主提供的会员制优惠服务，涵盖了邮政商旅、机票、礼仪、邮务类业务等服务，通过邮政的营业网、投递配送网、11185客服热线及网站等多种服务渠道，以会员制为核心针对高端客户市场推出的客户服务品牌。

1.3.7 客服业务

（1）邮政11185电话客服中心

11185是中国邮政面向社会客户提供的综合性电话服务热线。邮政11185客户服务中心系统是中国邮政为客户提供的一个语音服务平台，为客户提供各种邮政业务咨询、查询、投诉、建议等，同时也是中国邮政网上营业厅客服（简称"网厅客服"）的重要组成部分。

（2）邮政网上营业厅客服

近年来，随着邮政业务的不断发展和互联网化转型，现有呼叫中心系统已不能够完全满足业务支撑及客户服务的需求。为了满足客户服务、各省呼叫中心对软件的使用需求，提升客服的运营管理水平，更好地支撑邮政业务发展，11185客户服务中心已从单一的热线呼入中心，逐步发展到集电话、微信、QQ、微博、短信、网站等服务为一体的多渠道的、综合性的"客户联络及服务中心"，中国邮政网上营业厅客服由此应运而生。

网厅客服是中国邮政对外服务的主要渠道之一，承接语音和在线两大服务。根据"客户导向、集中管理、专业处理、闭环控制、流程最优"的原则，承担中国邮政各项业务服务支撑职能。

思考题

1. 中国邮政增值类业务分为哪几大类？缴纳有线电视费属于哪类业务范畴？
2. 列举至少两个当前主流的酒店预订软件，比较分析它们的优势与不足。

实践题

1. 在邮政线下网点开办新邮预订业务，并填写申请表，开通集邮短信业务提醒功能。
2. 拨打11185客户服务热线，完成酒店预订与取消模拟任务。
3. 进入中国邮政网上营业厅网站，进入在线客服，询问订购生肖邮票的方法。
4. 进入中国邮政网上营业厅网站，进入在线客服，询问集邮产品退换货方法及流程。

1.4 邮政电子商务的渠道体系

1.4.1 互联网渠道

互联网渠道作为邮政电子商务主要渠道已经渗透到邮政电子商务的各项业务中，互联网渠道包括中国邮政网上营业厅、邮乐网、中国邮政报刊订阅网、中国邮政集邮网厅等网站渠道。其中中国邮政网上营业厅是最主要的互联网受理渠道。

中国邮政网上营业厅是具有全国统一品牌的邮政业务网站。该网站分为两期建设。一期于 2009 年 12 月启动建设,2011 年 8 月上线,12 月通过初步验收。主要上线的业务内容有:网络家乡包裹、网络商函、通用票务、航空机票业务,以及客户管理、系统管理、权限管理、在线客服等基础管理功能。二期建设于 2013 年 11 月启动,统一接入了支付网关,整合了报刊订阅网及贺卡网,同时开发建设了中邮保险网(2014 年 4 月上线)及集邮网厅(2014 年 11 月上线)。

互联网渠道将成为邮政电子商务价值链的重要环节,以支撑邮政邮务板块业务为目标,提供宣传、查询服务,引导客户到网站进行业务办理,开展邮政电子商务特色业务。

1.4.2 手机 App 渠道

随着手机等移动终端越来越普及,手机渠道将成为邮政电子商务受理渠道的新生力量。目前,已开通邮储余额变动通知、汇款兑付通知、EMS 寄达通知等手机短信点播和定制业务。

目前中国邮政手机 App 渠道根据业务属性及面向客户群体,有中国邮政、中国集邮、邮乐网、邮乐小店、邮掌柜、邮生活等众多 App,如图 1-7 至图 1-12 所示,随着业务功能的不断拓展及新科技的发展,未来邮政将有更多、更丰富的手机 App 呈现给用户。

图 1-7　中国邮政 App

图 1-8　中国集邮 App

图 1-9　邮乐网 App

图 1-10　邮乐小店 App

图 1-11　邮掌柜 App

图 1-12　邮生活 App

1.4.3 微信渠道

当前微信已垄断移动互联网90%的用户流量,已成为各企业发展移动互联网业务和服务不可或缺的重要渠道。由于微信公众号入驻的门槛较低,全国各级邮政企业已纷纷开通应用,如图1-13至图1-17所示。通过微信官方渠道搜索全国邮政企业省级与市级微信公众号,结果显示,目前已有90%的省市邮政公司开通微信公众号,数量超过300个;结合部分省份的统计数据,广东、山东、江苏等省份开通的微信公众号已突破100个,河南、浙江等省份的开通数量已超过50个,从省、市、县、区到支局均有所涉及,可预估全国邮政企业已开通微信公众号数量有数千个。随着中国邮政官方微信服务号成功上线运营,中国邮政电商分销局不断整合邮政资源和服务,推动邮政传统业务与互联网科技融合,利用微信渠道手段不断推动邮政业务转型发展。

图1-13　中国邮政官方微信服务号

图1-14　中国集邮官方服务号

图 1-15　邮政报刊订阅服务号　　　　　图 1-16　邮乐官方微信服务号

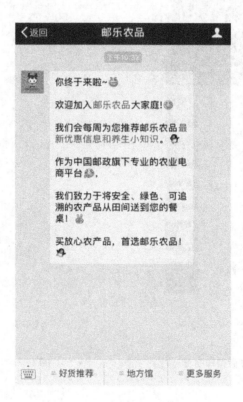

图 1-17　邮乐农品微信服务号

1.4.4 邮政线下渠道

（1）邮政网点

全国共有近5万个遍布城乡、沟通全国的邮政网点，通过邮政实物、资金、信息"三流合一"的优势，在保障邮政普遍服务的同时能够有效满足客户对产品服务多样化的需求。

（2）邮政便民服务站

邮政便民服务站项目是邮政为响应国家"要更好地发展邮政事业，为人民群众提供优质的邮政服务"的号召，结合创建和谐祖国的实际需要推出的一项便民举措，它以信息化为手段，以智能缴费终端为载体，将邮政业务以较低的成本，方便、快捷地延伸到社区、农村、工厂、学校等人群密集地，在家门口为老百姓提供缴费、票务、报刊等业务的便捷服务。

邮政便民服务站开通了中国移动、中国电信、中国联通的话费和电费等缴费业务，飞机票、汽车票等票务业务及全国鲜花、蛋糕、礼品等礼仪速递业务，把便利的服务送到千家万户，并继续开通水费、物业费、煤气费、有线电视费、社保、医保、养路费、交通罚款等缴费功能，不断丰富服务内容，使居民能在最近的距离享受最优质的服务。

实践题

1. 指出至少3个中国邮政官方出品的手机App，并下载至手机，介绍各个App的功能。

2. 关注至少3个中国邮政出品的微信公众号，并指出各个公众号所能实现的菜单功能。

第 2 章　邮政电子商务系统

本章主要介绍中国邮政电子商务的主要相关系统,包括邮政电子商务信息平台、统一支付平台、CPCA 系统、邮政业务网站(网上营业厅)、11185 客户服务中心、邮政短信接入系统、客户信息管理系统、邮政支付网关系统、邮政安全认证系统,重点介绍了各系统的构架和相关概念。

随着全国邮政信息化水平的日益提高,建设多渠道业务受理,统一处理模式,规范第三方接入服务的信息平台系统的建设需求日显突出和急迫。为此中国邮政集团公司全面统一邮政各受理渠道,整合邮政业务系统资源,分阶段建设了邮政电子商务信息平台、邮政短信接入系统、11185 客户服务中心、邮政业务网站、客户关系管理系统、邮政支付网关系统、CP-CA 系统,这些新系统的开发、建设、升级为邮政发展电子商务和邮政业务的电子商务化奠定了基础。

2.1　邮政电子商务信息平台

邮政电子商务信息平台是发展邮政电子商务专业基础信息建设的重要组成部分。平台连接了邮政业务网站、11185 客户服务中心、邮政网点等不同受理渠道,通过与邮政内外部作业系统相对接,整合资源,有效地推进了邮政电子商务专业的发展,帮助完成了各业务、各地方的清分和结算,是支持全国邮政电子商务专业运营管理的重要平台之一。

2.1.1　邮政电子商务信息平台的概念

为了满足邮政电子商务的发展,充分整合中国邮政在实物流、资金流、信息流方面的优势资源,搭建各专业协同作业的应用环境,建设一个统一的、可灵活配置并可快速定制业务的邮政电子商务信息平台。通过该平台的建设与业务规范化处理,将电子商务的生产作业、结算处理、经营分析与决策支持、信息服务等环节有机结合,形成"连接商户、服务客户、安全支付、快速配送"的邮政电子商务服务体系,提升中国邮政电子商务的核心竞争能力。

邮政电子商务信息平台涵盖全国中心、省中心以及各地业务经营管理部门,包括订单管理、支付管理、配送管理、库存管理、会计核算、清分结算、客户管理、商品商户管理、信息发布等功能,并实现与邮政速递系统、物流系统、电子化支局系统、邮政支付网关、邮政名址信息系统的互联,提供规范的渠道及外围系统的接口,实现各渠道的接入。

2.1.2 邮政电子商务信息平台的架构

1. 邮政电子商务信息平台的总体构架

邮政电子商务信息平台包含两个层级,包括全国电子商务信息平台和省电子商务信息平台。全国电子商务信息平台负责连接邮政业务网站和邮政短信接入系统两个接入渠道,同时与支付网关、全国性业务的第三方接口、综合网全国统一接口连接;省电子商务信息平台负责连接邮政网点与11185客户服务中心两个接入渠道,同时,与本省第三方应用接口、各省综合网应用接口连接。全国电子商务信息平台和省电子商务信息平台通过综合网相对接。全国中心处理全国性业务,邮政电子商务信息平台的数据库、应用、Web与通信服务器均集中在全国中心;各省的省中心则负责处理本地业务,其数据库、应用、Web与通信服务器均部署在各省中心。全国邮政电子商务信息平台网络示意如图2-1所示。

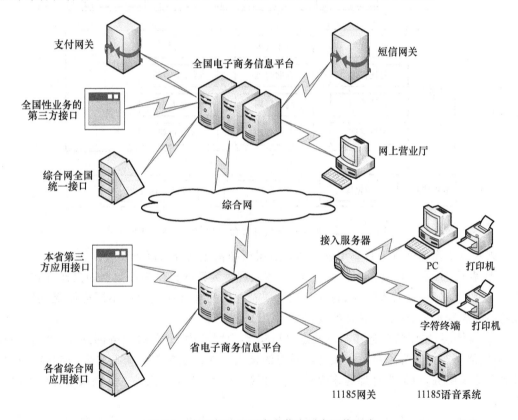

图 2-1 全国邮政电子商务信息平台网络示意

2. 邮政电子商务信息平台系统的软件体系构架

邮政电子商务信息平台综合受理来自邮政网点、11185客户服务中心、邮政业务网站等渠道接收的客户订单,其统一运作,标准处理,将邮政分散的受理渠道有机地统一起来。该平台通过与邮政内外部关联系统对接来整合资源,能够有效地开办各类业务,实现全国性业务、区域性业务、本地业务的开办,支撑全国邮政电子商务专业的运营管理。通过邮政电子商务信息平台的业务统一受理,为各专业、各机构的清分、结算奠定基础,建立客户管理体系，重点开发与完善数据采集、报表生成等功能，为进一步完善邮政客户服务体系提供条件。

通过功能化、模块化的设计，规范业务流程，促进新业务的快速部署与开办。邮政电子商务信息平台应用软件体系架构如图2-2所示。

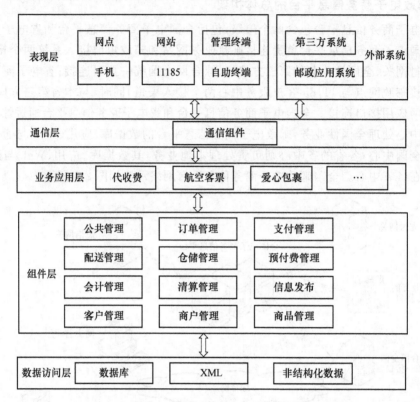

图2-2 邮政电子商务信息平台应用软件体系架构

邮政电子商务信息平台应用软件体系从层次结构上划分为以下5层。

① 表现层：主要负责与用户的交互，具体表现为为系统提供多种类型的操作方式，比如邮政业务网站、手机、管理终端、自助终端等。表现层为业务应用层的不同应用提供信息资源的不同表现形式，该层的具体实现由各渠道系统完成。

② 通信层：主要负责连接邮政网点、11185客户服务中心、邮政业务网站、手机、管理终端、自助终端等操作界面系统以及外部系统的接入。通信层为接入邮政各业务功能渠道提供多种接入服务，包括为管理终端提供的多种接入服务，以及为内外部关联系统提供的接入服务。

③ 业务应用层：负责完成特定的业务逻辑，来实现业务功能，包括代收费、航空客票、爱心包裹等。在组件层的基础上，根据具体的业务需求来灵活定制与组合相关的服务组件，实现特定的业务逻辑，构建业务应用模块，完成业务流程。同时，可以根据业务需求的变化通过定制的方式来改变组件组合结构，变更业务逻辑，调整业务流程。

④ 组件层：负责提供系统功能，包括公共管理、订单受理、订单处理、配送库存、订单支付、会计清算等系统功能。按照模块化、功能化的原则，将相对独立业务功能划分为单个服务组件，同时按照组件间的逻辑相关性，将独立的服务组件集合成组件群，既保证了组件间的相互独立性，又保证了逻辑功能间的联系性，为实现灵活地构建各种业务应用提供基础。

⑤ 数据访问层：负责为数据库的访问提供访问接口。通过封装的数据库组件屏蔽底层业务数据，实现数据存取和业务处理分离，以便适应以后可能的数据模式和数据访问机制的改变。

五层的架构使得系统的硬件系统构成更灵活、应用的可维护性更高、系统的安全管理更严密，有利于变更和维护应用技术规范，为组件化提供基础。

2.1.3 邮政电子商务信息平台的功能

邮政电子商务信息平台系统主要由不同的组件或组件群构成，不同的组件和组件群承担不同的功能，主要组件如图 2-3 所示。

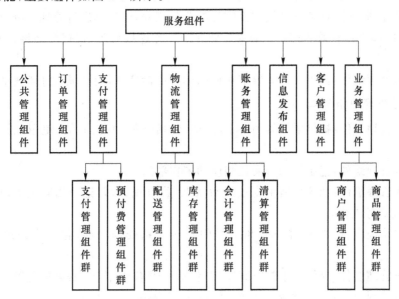

图 2-3 邮政电子商务信息平台系统功能

1. 公共管理组件群

公共管理组件群的主要功能包括机构管理、人员管理、权限管理、系统参数管理、模块管理，实现对平台内部公有信息资源的管理。

① 机构管理组件：按照中国邮政划分的集团、省、市、县、区、支局、邮政所等七级进行管理。不同级别的机构按相应的机构代码、机构名称、地址、机构级别、所属局进行编号，以便于查询、分类和统一管理。

② 人员管理组件：各级管理机构可以对本机构及所属下级机构的人员信息进行维护管理，包括业务、会计、清算、客户服务系统等人员。

③ 权限管理组件：针对不同用户的职能角色划分，定义各级操作员的权限。结合模块管理，把不同的模块设置成不同的模块级别，设置不同的权限组，通过用户级别和权限组的对应结合，实现权限控制。

④ 系统参数管理组件：主要包括各类运行参数的管理，该项管理结合权限管理进行控制。

⑤ 模块管理组件：对系统所有模块进行管理。

2．订单管理组件群

将各受理渠道的订单业务请求发送至平台，对该订单进行处理。

① 订单信息校验组件：提供对客户录入信息的基本校验，校验通过后才可以进行订单录入等后续处理。

② 订单录入组件：主要完成标准订单数据的生成。通过接口标准的统一，实现不同渠道、不同接入方式生成统一标准的订单。同时，系统生成内部唯一的订单号，用以区别系统内所有订单，方便管理和统计。

③ 订单拆分组件：如果出现一次性订购多个产品，那么通过订单拆分将一次性订购多个产品的订单信息按经营商家进行拆分，每一个经营商家拆成一个个单独的订单。

④ 订单处理组件：业务处理按照设定好的业务流程，对订单进行处理。处理结束后，订单成为系统内部正式有效的订单。如果需要和第三方连接处理，根据标准接口转入第三方系统。

⑤ 输出处理组件：提供给接入渠道对应的标准反馈信息，同时提供打印凭证功能。

3．预付费管理组件群

① 制卡管理组件：提供需要制作卡的信息，包括卡的种类、面值、使用范围，以及制卡数量。

② 发卡管理组件：把制好的卡发往相应的销售部门。

③ 销售管理组件：把预付费卡变成激活状态，收取现金，并记录相应流水，提交会计管理，进行相应账务处理。

④ 客户认证组件：提供客户号和卡号的对应关系处理功能，包括客户绑定、客户变更等。

⑤ 密码管理组件：提供对卡的密码管理，包括密码修改、挂失、密码重置等。

⑥ 冻结管理组件：把预付费卡变成冻结状态，以限制卡的使用。

⑦ 充值服务组件：对预付费卡进行充值，增加预付费卡的可用余额，调用会计管理进行相应账务处理。

⑧ 支付服务组件：完成预付费卡支付功能，减少卡的余额，通过调用会计管理进行相应账务处理。

⑨ 冲正服务组件：针对支付差错进行冲正的相应处理。

⑩ 查询服务组件：提供余额查询、交易明细查询、卡状态查询等业务。

⑪ 额度管理组件：对预付费卡可透支额度进行管理。

4．支付管理组件群

支付管理组件群包括现金、支票、银联卡、预付费卡、汇款等支付模式。其中现金支付途径主要包括网点收款、上门收款等形式，支票支付包括现金支票、转账支票等形式，汇款支付使用汇款单支付模式。

① 现金支付组件：提供网点收款、上门收款功能。选择上门收款方式，业务款项要到货物递送时，由递送人员收取，然后再执行上门收款支付。

② 支票支付组件：提供支票支付功能，支票需要经过会计系统核实支票有效性后，方可进行相关款项的支票支付。

③ 银联卡支付组件：银联卡支付包括与银联支付接口、安全认证、对账进行差错处理等功能。

④ 预付费卡支付组件：使用平台发行的预付费卡支付业务款项，客户支付时直接输入使用的卡号和密码，经平台认证，进行相关款项的预付费卡支付。

⑤ 汇款支付组件：提供汇款单支付业务款项。客户支付时持汇款单，系统通过与汇兑系统的接口判断汇款单的有效性后，进行相关款项的汇款支付。

5．配送管理组件群

配送模块选择订单对应的配送渠道，为下一步仓储和递送提供信息，同时接收仓储和递送的反馈信息。

① 递送渠道选择组件：提供配送管理对货物递送渠道的选择功能。

② 仓储选择组件：提供订单出货仓储选择的功能。

③ 反馈处理组件：货物递送结束后，对配送情况进行后续处理，包括订单信息的修改、配送信息的修改等。

④ 订单配送信息查询组件：对订单配送情况进行查询。

6．库存管理组件群

订单配送选择库存，可以选择内部库存，也可以选择外部库存。在平台内部存放两者的基础信息。如果从内部库存出货，需要在内部库存里管理货物库存信息；如果通过外部库存出货，需要将提货信息传给外部库存，平台内记录外部库存变化信息。

① 仓库信息维护组件：提供仓库在平台内的注册功能，包括仓库信息增加、仓库信息修改、仓库信息删除等。

② 入库处理组件：提供货物入库功能，增加货物库存。

③ 出库处理组件：通过提货单提取相应的货物，减少货物库存，同时修改订单状态。

④ 冻结管理组件：把仓库内部的货物状态变成冻结状态，减少库存可提货数量，同时，提供解冻功能。

⑤ 报损管理组件：仓库内货物出现异常损坏后，首先需要对该货物进行报损处理，减少库存可提货数量；同时，提供清损功能，完成对异常货物的清理。

⑥ 仓库告警组件：对仓库内商品库存、有效期提供提前预警的功能。

⑦ 信息查询组件：提供仓库信息查询、仓库库存信息查询、出入库信息查询等。

⑧ 备货确认组件：向配送管理提供订单的有货确认。

7．会计管理组件群

其提供会计管理和报表展现的功能。

① 会计参数管理组件：用于设置会计的相关参数，包括会计科目管理、会计机构管理等。会计科目管理提供对会计科目、会计分录的设置、调整、查询等功能。会计机构管理提供记账机构参数、出纳参数等参数的设置、调整、查询等功能。

② 缴款管理组件：提供网点向上级机构缴交营业款的功能，主要包括缴款、收到缴款等功能。

③ 支票管理组件：提供对收到第三方结算支票的校验以及入账功能，同时提供支票退回、丢失、作废功能。

④ 手工事项组件：针对会计上的特殊情况，可以进行手工会计事项的录入。

⑤ 凭证管理组件：提供各机构对重要凭证种类的设置、管理和使用情况功能。

⑥ 会计处理组件：该组件是会计系统的核心部分，提供平台统一的会计账务数据，根据交易流水生成会计事项、会计凭证，从而登记相关会计账簿和登记簿，最终生成会计报表来反映资金情况。

⑦ 会计报表查询组件：提供会计报表查询、统计、汇总功能。

8. 清算管理组件群

其提供清算管理和报表展现的功能，对系统的异地业务提供账务支撑。

① 清算账户管理组件：提供清算账户的开户、变更、销户及清算账户余额管理等各项功能。

② 清算资金划拨组件：负责对需要清算的各类交易本金、手续费、结算费及清算账户利息、清算账户收付费进行会计核算。提供有关交易本金、手续费、结算费等清分数据及收付（含收付费冲正）信息，手工录入的会计事项等自动进行会计核算处理。

③ 清算参数管理组件：支持对各类清算参数，如清算账户交易起止日、手续费比率、核算参数等各种配置参数的设置和调整。

④ 手续费分配组件：提供按设定比率对手续费进行计算分配的功能。

⑤ 对账管理组件：提供实时类交易核对、批量对账两种对账模式，与第三方的对账需要由具体业务确定。

⑥ 清分管理组件：负责清分各类交易本金、手续费及其他费用，形成清分结果。收取的业务手续费按照设定的分配和结算方法按期分配。平台根据本日交易日志，按交易类型等分类，产生清分明细文件，供会计核算单位对账使用。平台将当日（清算日期）交易按照商家、应收、应付进行分类汇总统计，产生清分结果，分别生成相关清算报表。

⑦ 结算管理组件：平台根据清分结果，与各第三方进行结算。

⑧ 差错处理组件：提供对出现差错的账务进行调整的功能。对于提供实时恢复的第三方业务，平台提供自动恢复的功能。对于对账不一致的业务，提供调账功能。

⑨ 清算日期切换组件：清算日期切换是指平台当日清算日期时点，即在当日的某个时点，平台进行清算日期的变更，此时点后，平台仍可进行交易，但发生的所有交易均为下一清算日期交易。在日期切换前对原交易进行的差错调整，仍为上一日交易。

⑩ 清算日终处理组件：负责每日清算日期切换后对清算数据进行批量处理，同时在月末、季末、年末及各特殊日进行特殊清算处理。

⑪ 查询打印组件：提供各接入系统查询打印所需清算报表功能。

9. 信息发布组件群

其主要针对公众信息发布、内部信息发布、信息终端信息发布。信息发布主要提供上级机构向下级机构发布的信息（新闻、通知等）的管理。

① 信息管理组件：提供对需要发布的信息管理的功能，包括文章管理、专题管理、可视化编辑等功能。

② 模板管理组件：提供对信息发布的广告模板、公告模板、文章模板等的编辑和修改等功能。

③ 发布管理组件：提供多媒体、短信、信函等形式的信息发布。

④ 系统管理组件：提供对信息发布组件群需要的系统参数信息的配置及对发布信息的查询统计功能。

10. 客户管理组件群

其提供客户信息采集、数据分析及业务联动的功能。

① 客户信息维护组件：平台通过各种渠道采集客户信息，集中存放。客户信息可以通过客户自行的单笔录入，或者通过业务受理人员批量导入。

② 客户信息查询组件：提供客户信息查询等功能。

③ 客户参数管理组件：设置客户初始化积分、积分参数、基础信用等客户管理参数。

④ 客户等级管理组件：提供变更客户级别的功能。变更可以是订单交易处理引发的，也可以是平台后台对客户进行单个调整或者批量调整的。如果是业务人员手工调整，需要同时记录调整信息。

⑤ 客户信用管理组件：提供变更客户信用得分的功能。信用得分修改可以设置成参数在订单处理中自动完成，也可以由业务人员手工完成。如果是业务人员手工调整，需要同时记录调整信息。

⑥ 客户积分管理组件：提供变更客户积分的功能。客户办理业务时，根据积分规则变更积分。业务人员也可以手工对单个客户积分情况进行调整，或者按条件批量调整。如果是业务人员手工调整，需要同时记录调整信息。

⑦ 客户交易信息组件：按渠道、业务类型、时间段等条件进行查询统计。

11. 商户管理组件群

商户管理主要用于统一管理平台产品提供商和服务提供商的信息，包括商户基础信息、商户结算标准信息、商户配送方式信息等。

① 商户信息添加组件：对新的商户信息进行添加，包括商户基础信息、商户结算标准信息、商户配送方式信息等。同时生成在系统中唯一的商户号。

② 商户信息修改组件：对已经存在系统中的商户信息进行修改，商户号不能修改。

③ 商户信息删除组件：对指定商户做停用处理，以保证商户结算和历史数据查询的连贯性。

④ 商户信息审核组件：商户信息添加和修改后，需要经过审核人员的审核，以保证信息的正确性，然后才能投入使用。

⑤ 商户信息查询组件：对平台内商户基础信息、商户结算标准信息、商户配送方式信息等内容进行查询。

⑥ 商户经营商品查询组件：提供按照商户号从商品资源库中查询该商户经营的商品信息的功能。

12. 商品管理组件群

商品管理主要用于统一管理在平台销售的商品，包括商品的基本信息、价格与批次信息、销售范围信息、销售渠道信息、递送渠道信息等。

① 商品基本信息维护组件：维护商品基本信息，包括商品代码、商品名称、所属商户、商

品规格、体积、图片等,提供增加、删除、修改功能。

② 商品信息审核组件:新增商品后,需要对该商品注册信息进行审核。

③ 商品价格维护组件:维护商品的各项价格,包括最低售价、最高售价、成本价、批发价、会员价等。

④ 商品销售范围维护组件:定义商品可以销售的机构范围。

⑤ 商品销售渠道维护组件:定义商品可以销售的受理渠道范围。

⑥ 商品递送渠道维护组件:定义商品配送时可选择的递送渠道。

⑦ 商品信息查询组件:对商品所有信息的查询,包括商品基本信息、价格信息、销售范围信息、销售渠道信息、递送渠道信息等。

2.2 邮政业务网站

2.2.1 邮政业务网站的概念

邮政业务网站是中国邮政网(www.chinapost.com.cn)的重要组成部分,是具有全国统一品牌的邮政业务网站。目前运行的邮政业务网站(网上营业厅)是在2000年中国邮政电子邮政示范工程的基础上经过多年发展和改造建设而成的。通过改建邮政业务网站,丰富邮政服务渠道,提升邮政服务水平,打造中国邮政电子商务网站的品牌。但是随着市场和电子商务的发展,原来的邮政业务网站已经不能满足业务发展的需求,目前已经对网上营业厅进行了升级改造,新版的网上营业厅使用新的网址 www.11185.cn,为客户提供了更加丰富和便捷的互联网邮政服务。

2.2.2 邮政业务网站的构架

邮政业务网站作为客户的互联网接入渠道,连接了客户与邮政业务沟通的渠道。客户通过网站前台发起查询或者消费请求,网站前台形成订单或查询请求,转交各业务系统后台和网站后台处理,并将结果反馈给客户。

邮政业务网站的整体构架如图 2-4 所示。

客户层:指邮政业务网站系统的使用者,按接入方式的不同分为邮政内部用户和外部用户。内部用户包括 11185 客服人员、邮政网点和系统内部管理人员等,通过邮政综合网访问邮政业务网站的内部服务器,完成相关业务的处理;外部用户指通过互联网登录中国邮政网站外部 Web 服务器,经过注册、登录流程,进行网上业务的办理。

接入层:是整个业务系统向客户提供接入服务、信息采集和页面展示的功能层。它通过邮政综合网、互联网的通信平台,针对不同业务处理需要,向邮政内外的不同客户提供基于 Web 的处理方式。

服务层:数据的集中存储中心,也是相关业务逻辑的处理中心。其相关联的业务系统主要功能如下。

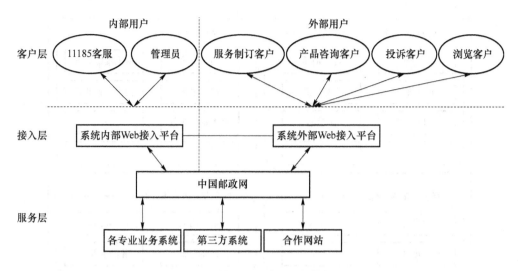

图 2-4 邮政业务网站的整体构架

① 邮政业务网站是报刊、集邮、包裹、函件、电子商务等邮政业务的网上受理渠道，邮政业务系统为业务处理后台。客户通过网站前台发起查询或者消费请求，网站前台形成订单或查询请求，转交业务系统并将结果反馈给客户。

② 除了部分网站独有的信息服务和业务服务由网站后台单独处理外，其他由各业务系统承担后台处理。网站与第三方合作的系统有支付、商旅服务、演出票等第三方系统。

③ 利用与其他网站的链接办理邮政商务业务。

2.2.3 邮政业务网站系统的主要功能

邮政业务网站系统分为网站前台子系统、网站后台管理子系统、内容管理和工作流管理子系统、财务结算子系统、安全处理子系统。

1. 邮政业务网站前台子系统

网站平台从业务上分成4个部分，分别是邮政电子商务类（B2C）部分（典型应用）、邮政业务支持类（邮政特色）、缴费一站通（交易）、邮政业务咨询服务类（创新型业务），邮政业务网站前台子系统功能如图 2-5 所示。

2. 邮政业务网站后台管理子系统

邮政业务网站后台管理子系统也分为4个部分，分别是业务功能管理（对应前台业务功能）、用户管理（权限管理、客户信息管理等）、系统管理（参数设定、日志管理等）、报表管理，邮政业务网站后台管理子系统功能如图 2-6 所示。

3. 邮政业务网站内容管理和工作流管理

内容管理和工作流管理负责邮政业务网站的信息采集、发布、工作流程管理等，邮政业务网站内容管理和工作流管理功能如图 2-7 所示。

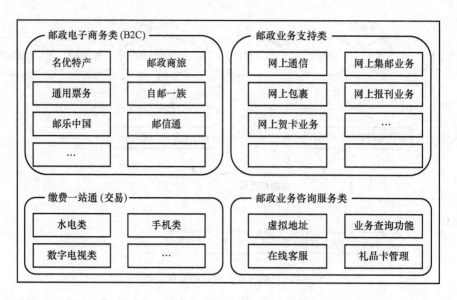

图 2-5 邮政业务网站前台子系统功能

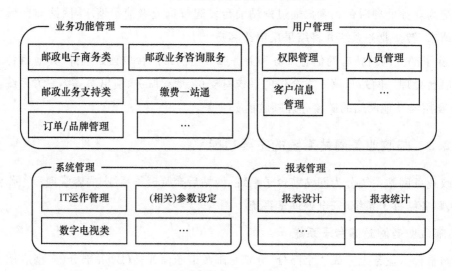

图 2-6 邮政业务网站后台管理子系统功能

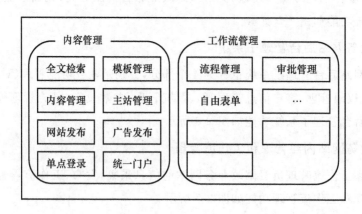

图 2-7 邮政业务网站内容管理和工作流管理功能

4. 邮政业务网站财务结算和安全处理

财务结算暂时有支付管理、对账管理、资金归集、退款处理等模块,邮政业务网站财务结算和安全处理功能如图 2-8 所示。

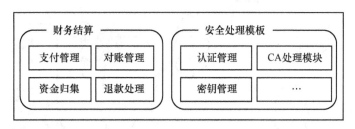

图 2-8　邮政业务网站财务结算和安全处理功能

2.3　11185 客户服务中心系统概况

邮政 11185 客户服务中心系统是中国邮政客户语音服务平台,为邮政客户提供各种邮政业务咨询、查询、投诉、建议等服务,同时也是中国邮政电子商务平台的重要组成部分。

邮政 11185 客户服务中心系统自 2008 年起利用两年左右的时间进行了升级改造工程。目前全国使用统一版本的 11185 系统,各 11185 系统应用软件版本统一,语音平台同构,可进行全国范围统一的升级和维护操作。全国范围设计座席 4 000 余个,开通中继约 120 条。

2.3.1　11185 客户服务中心系统的构架

1. 系统结构

邮政 11185 客户服务中心系统建设采用省集中模式,呼叫中心平台核心设备均位于各省中心,座席及数据采用全省大集中的模式。同时建立 11185 全国中心,负责 31 个省中心的监控管理,并承担客服中心省与省之间话路漫游的转接功能。在全国各省分别建立一整套可实现集中管理、统一配置、整体监控的呼叫中心技术支撑平台和系统,为邮政客户提供快速、丰富、优质的服务,提高客户的服务满意度,提升客户的服务体验,为创建邮政卓越的服务品牌,提供技术和产品上的保障。

（1）系统总体结构

邮政 11185 客户服务中心系统总体结构较为复杂,具体结构如图 2-9 所示。

邮政 11185 客户服务中心以系统数据、话务座席省集中为原则,具备语音省际漫游的功能,邮政 11185 客户服务中心在全国网络结构上是以全国语音交换中心为核心的,各省(直辖市、自治区)11185 省交换机依托邮政综合网,组成星状网。在省内形成以省中心为核心的网络,其中各个邮政专业的业务数据根据其在邮政综合网的部署,分别在全国中心和省中心实现网络接入。如已经实现全国集中的报刊、名址、短信等系统均通过综合网全国中心向各省的 11185 客户服务中心提供服务。而各省部署的业务系统,如电子商务信息平台、其他第三方系统接入综合网各省中心为本省 11185 系统提供服务。

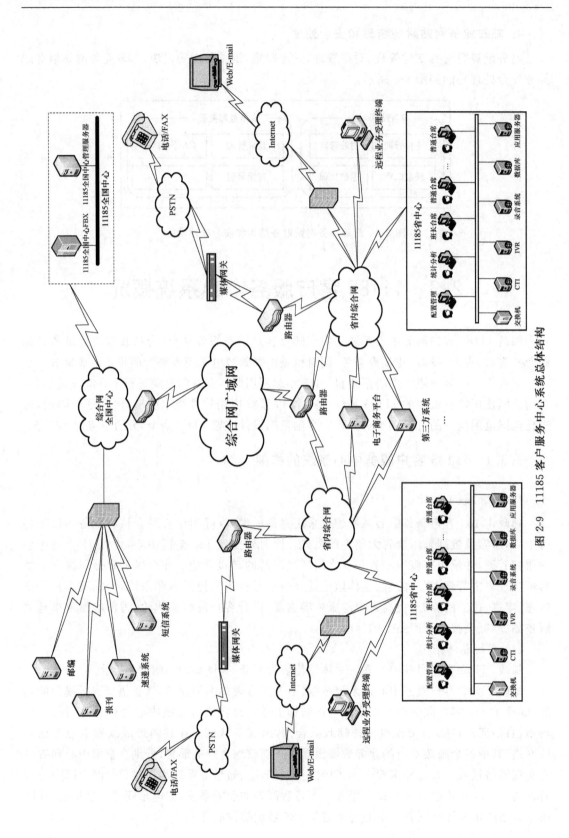

图 2-9 11185 客户服务中心系统总体结构

(2) 邮政 11185 客户服务中心省中心结构

邮政 11185 客户服务中心在省(直辖市、自治区)中心部署语音接入和排队功能的交换机(PBX)、CTI(Computer Telecommunication Integration,计算机电信集成)服务器、WR 服务器、数据库服务器、Web 服务器,还有其他辅助设备,座席全部在省中心进行处理。邮政 11185 客户服务中心省中心结构如图 2-10 所示。

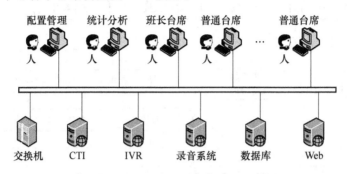

图 2-10 邮政 11185 客户服务中心省中心结构

CTI 通过一些语音板卡来提供硬件支持,是让计算机能够处理电话语音信号的技术。CTI 使得整个呼叫中心成为智能的联络平台,实现全国座席资源的统一调度及优化配置,因此 CTI 系统具备智能路由的能力,对客户的电话、Web 接入、E-mail 接入进行统一排队,寻找匹配的专业座席。根据主叫电话号码、主叫输入的按键信息、用户数据库查询、座席状况、座席技能、时刻、日期、人力排班、工作量分配来定义呼叫路由,满足业务服务需求。

采用技能路由与智能路由相结合的方式,根据业务需要将座席的服务分为多个技能组。用户的呼叫将根据其请求的业务类型分配到具有最佳技能的座席进行受理。座席可以分配到指定的一个或多个技能组中,并具有不用的技能级别。智能路由采用用户自定义脚本的方式。用户通过系统加载编辑好的路由脚本,为 11185 指定一个或多个路由脚本,在对呼叫进行路由时执行该脚本,获得呼叫的路由目的地,然后将呼叫分配到该目的设备。

IVR(Interactive Voice Response,交互式语音应答)系统可以根据用户输入的内容播放有关的信息。语音导航的设计思想与原则:语音导航菜单采用一级菜单直接进入专业座席组,以减少客户呼叫总时长;自动播报员工工号,提供文本到语音的转换功能,以便播报客户私人信息,如客户在当前菜单下选择按键 1,查询速递业务;提供友好的可视化图形工具,用于制订语音流程文件。丰富的节点类型满足转座席组、转 IVR 等多类应用需求;客户私人信息的输入,如密码等信息对座席人员屏蔽,确保用户使用安全。

2. 系统组网方案

(1) 语音组网方案

在全国各省、自治区、直辖市建立统一模式的 11185 客户服务中心系统,语音分省、市两级接入,除部分呼叫量较大或是地域性业务较多的二级地市部署 IVR 外,省中心集中部署 CTI、IVR、录音以及业务应用系统服务,全国中心部署核心 CTI,用于管理各省的 CTI,统一做漫游及溢出策略管理,并对全国各省市 CTI 进行监控。

(2) 系统总体架构

11185 客户服务中心系统软件体系主要分为系统层、功能层、数据层 3 个层次,系统结构如图 2-11 所示。

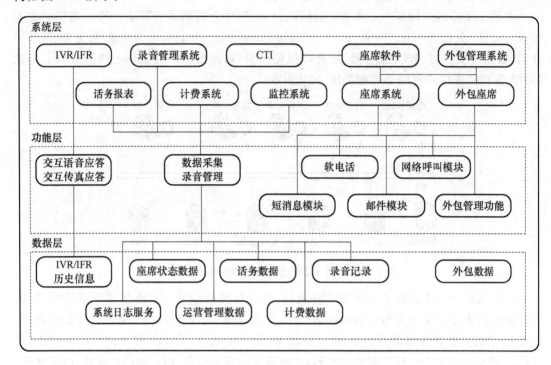

图 2-11　11185 客户服务中心系统软件体系结构

2.3.2　11185 客户服务中心系统的主要功能

11185 客户服务中心的前端应用分为 4 个模块：前端应用、辅助管理、数据交互、系统配置。前端应用模块提供 11185 客户承办的业务功能，辅助管理模块提供 11185 企业内部各类管理的功能，数据交互模块提供 11185 与所有外围系统的交互接口，系统配置模块提供 11185 的业务定制、系统使用机构和人员权限、系统参数配置等功能。各功能模块的组成如图 2-12 所示。

1. 系统功能

（1）咨询与查询

① 知识浏览：提供了按目录导航方式供操作员浏览相关文章。

② 知识检索：提供了全文检索和普通查询两种检索方式。

③ 咨费计算：国内咨费包括国内函件、国内快递、国内包裹咨费；港澳台资费包括信函、快递咨费；国际咨费包括国际函件、国际快递、国际包裹咨费。

④ 业务查询：网点查询、邮编查询以及外部链接查询。

⑤ 录音留言管理：录音检索、留言检索、来电查询。

⑥ 经典案例收藏夹。

（2）工单调度

工单调度实现下列功能：EMS 处理、信息工单处理、商品处理、商业票处理、报刊处理、

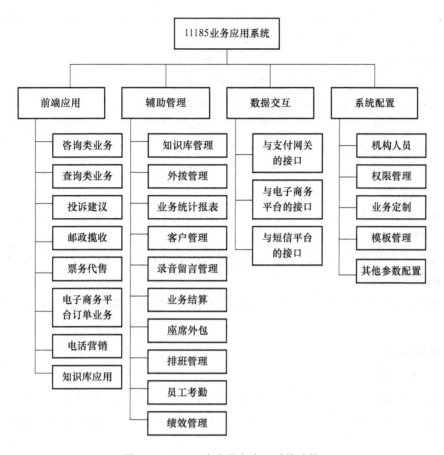

图 2-12 11185客户服务中心系统功能

登单(受理)、派单、催办、退单、改派、撤单、反馈、回访、追单、修改、批量办结、处理、查询。

(3) 运营管理

运营管理实现了下列处理功能。

① 客户管理：客户信息的查询与维护、客户等级维护、客户黑名单维护、客户白名单维护。

② 知识库管理：知识采集、收藏夹管理、审核文章和审核日志管理、上传文章和超期文章管理。

③ 公告管理：公告维护、公告检索、公告阅读。

④ 业务报表：生成总体业务报表，包括业务分类统计表、业务分时段统计表、业务分地区统计表等8张报表；生成专业业务报表，包括EMS、报刊、信息工单、商品、商业票专业报表，共18张报表；此外还可以生成质检、考勤、排班、话务报表约18张报表。

⑤ 班组管理：设置班组任务、班组时间、考查时间、班组成员等。

⑥ 咨费维护：特殊资费维护，包括国内函件、国内包裹、国内EMS、港澳台特殊资费、国际函件咨费维护；地区咨费维护，包括EMS区域维护、包裹资费、邮政区域维护。

⑦ 业务管理：派单机构维护、揽收人员维护(包括揽收地址、片区维护)、提示设置、催办设置、查询定制、环节定制。

⑧ 电话营销:外拨项目管理、外拨对象维护、禁拨号码管理、问卷话术管理、外拨策略和外拨资源管理、座席营销业务、审核启动管理。

⑨ 绩效管理:指标管理、质检评分、评分标准管理。

⑩ 服务质量管理:服务质量统计、服务质量查询。

⑪ 培训考试管理:培训数据管理,包括培训教材和题库维护;培训管理,包括添加培训计划、培训计划的评估、培训计划和课程的查询;考试管理,包括人工或自动生成考卷、在线考试和复习、考卷和考试成绩查询。

⑫ 排班管理:班次新增和查询、班次组新增和查询、排班生成新增和查询。

(4) 系统管理

① 机构管理:对使用系统的客户服务中组织机构(部门)以及邮政其他业务部门的机构信息进行多级管理。

② 操作日志查询:有权限的管理员可根据查询条件,对客户服务中心平台的操作员操作流水进行分类查询。

③ 权限管理:人员设置,包括角色授权、用户信息的修改;角色管理,包括菜单授权、用户授权。

2. 话务功能

(1) 管理功能

① 签入:客服代表开始进入系统时,需要先进行签入,表示该客服代表开始进行工作,此时该客服代表的一切操作均记为该客服代表的工作业绩。登录系统签入成功后,进入工作状态。

② 签出:当客服代表完成一天的工作后,下班时需要进行签退,表示该客服代表结束当天的工作,退出后系统不再为座席分配电话。

③ 休息:当客服代表短时间离开进行其他事务时,为保证服务器不将用户分配给当前无人的座席,则需要进行休息操作,表示暂时不接受用户呼入。

④ 取消休息:当客服代表休息后要重新进入工作状态时,则需进行取消休息,取消休息成功后表示该客服代表开始进行工作,处于示闲状态,准备接听客户电话。

⑤ 示忙:当客服代表正在处理手头业务,暂时无法接听用户电话时,可选择进入话务示忙状态,此时系统将不分配任何新用户给该座席,客服代表可专心处理手头业务,但可以呼出,在呼出状态下可被监听和插入。

⑥ 示闲:客服代表在处理完手头业务后,需选择示闲,以便接听用户的电话。

⑦ 退出整理态:系统设置了事后整理,当客服代表服务完毕后自动进入整理态。到达最大整理时长后(时长在管理台统一设置),则自动进入示闲状态。在进入整理态后,可以通过点击"退出整理态",主动退出整理态,进入示闲状态。

⑧ 状态显示:客服代表双击"状态"字样,显示座席当日的话务状态。

(2) 通信功能

① 应答:座席软件在通信功能那一栏中设有应答键,当客户来电时应答键会变亮,这时客服代表只要按下此键,就可以和用户进行通话。

② 呼出:当客服代表需要与用户联系时,可直接拨打用户的电话。

③ 内部呼叫:当客服代表间需要进行通话时,可使用此功能。

④ 转移:当客服代表在工作中遇到不属于自己专长的问题,但又有其他客服代表很擅长时,可将该用户转给其他客服代表,以便给用户提供更好的服务。转移的目标包括座席和外部用户。

⑤ 静音:当用户和座席已经连通,但是由于某种原因,座席不愿意让用户听到座席之间讨论的时候,可以按此按键。

⑥ 保持呼叫:当用户和客服代表已经连通,但是由于某种原因,将一个正在通话的普通语音呼叫保持。保持成功后用户将听到等待音,客服代表进入占用态,但是系统不会分配新的呼叫给客服代表。

⑦ 挂机:座席可通过点击挂机按钮结束与客户的通话。

⑧ 转语音:当与用户通话完毕后,若用户还想进行其他操作,可由客服代表将用户重新转到自动语音流程中。

⑨ 求助:客服代表在与用户的通话中,如果需要求助其他客服代表帮助解答用户问题,可调用求助。调用该方法时客服代表必须正在进行普通语音通话。请求援助有两方求助和三方求助两种方式。

⑩ 三方通话:客服代表将一个保持的呼叫加入一个正与客服代表通话的呼叫中,实现三方通话。当前语音通话呼叫可以是用户打进的电话、座席主动呼出的电话、内部转移的来话中的任意一种。如果一方挂机,另两方仍可继续通话。

⑪ 会议功能:客服代表可以通过此功能进行多方会议,会议的成员可以是内部用户和外部用户。

(3) 组长管理功能

① 开始监听:组长在按此按键后,可在弹出的"选择座席"窗口中,选择相应的工作组,在工作组的组员中点击需要监听的组员工号。

② 强插:质检员插入指定客服代表的话路,可与客服代表和客户通话,进行三方通话。

③ 结束强插:如果使用数字IP电话,组长可以通过按此按键或者挂机,停止插入。

④ 开始拦截:组长在监听以后,如果发现客服代表和客户发生了不愉快,这时候可以点击"拦截"按键,则截断客服代表与对方的通话,改为拦截方与其通话。

⑤ 查看座席状态:组长按此按键,点击"图形显示",则显示系统状况。

⑥ 强制示忙:强行将客服代表示忙,示忙后需再次示闲才能接听电话。组长在按此按键后,在弹出的"选择座席"窗口中,选择相应的工作组,在工作组的组员中点击需要强制示忙的组员。

⑦ 强制示闲:强行将客服代表示闲,以使其接听电话。组长在按此按键后,在弹出的"选择座席"窗口中,选择相应的工作组,在工作组的组员中点击需要强制示闲的组员。

⑧ 强制签出:强行将客服代表签出,签出后无法接听来话,需重新签入,组长在按此按键后,在弹出的"选择座席"窗口中,选择相应的工作组,在工作组的组员中点击需要强制签出的组员。

2.4 邮政短信接入系统

2.4.1 邮政短信接入系统的概念

邮政短信接入系统是邮政为客户提供的短信服务平台,可以为客户提供邮政短信、非邮政短信,邮信通短信、彩信服务。在系统建设方面,其采取一点接入的方式分别与中国移动、中国联通、中国电信的短信网关相连,实现全国短信服务。

2.4.2 邮政短信接入系统的构架

1. 系统框架结构

邮政短信接入系统可分为3层框架结构,最底层是网络平台,中间层是邮政各大业务支撑系统,最上层是邮政短信业务接入系统,具体如图2-13所示。

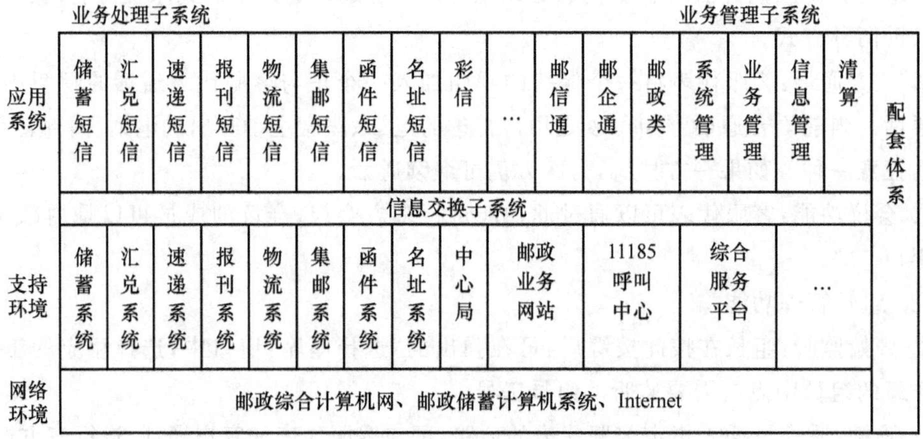

应用系统	业务处理子系统								业务管理子系统				配套体系
	储蓄短信	汇兑短信	速递短信	报刊短信	物流短信	集邮短信	函件短信	名址短信	彩信	…	邮信通	邮企通	邮政类	系统管理	业务管理	信息管理	清算	
	信息交换子系统												
支持环境	储蓄系统	汇兑系统	速递系统	报刊系统	物流系统	集邮系统	函件系统	名址系统	中心局	邮政业务网站	11185呼叫中心	综合服务平台	…	
网络环境	邮政综合计算机网、邮政储蓄计算机系统、Internet												

图2-13 邮政短信接入系统框架结构

网络环境包括邮政现有的综合计算机网及依托于综合网划分的邮政金融计算机系统。支持环境是指向邮政短信业务提供业务数据及必要技术手段支持的邮政业务系统,现阶段主要包含电子汇兑系统、邮政储蓄系统、EMS跟踪查询系统、报刊发行系统、集邮系统、物流信息系统、名址信息系统、邮政业务网站、11185客服系统等。

邮政短信接入系统包括邮政短信信息交换子系统、业务处理子系统、业务管理子系统3个应用子系统。

邮政短信接入系统配套体系是指保证短信业务顺利开展的安全设备、网络设备及相关系统。

2. 系统组成和框架结构

邮政短信接入系统是一个以数据库为核心、多层体系结构的分布式应用系统。邮政短信接入系统从物理上分两级,即全国中心和省中心。邮政短信接入系统全国中心同各省短信接入系统紧密连接,形成覆盖全国的邮政短信业务应用系统,完成分布式的短信数据采集,集中统一的短信收发、清算处理、统计处理等功能。应用系统采用分布式体系结构,全国中心由短信业务处理子系统、业务管理子系统和信息交换子系统构成,省中心由连接省内各大应用系统的短信接入系统组成。

短信接入应用系统框架结构如图 2-14 所示。

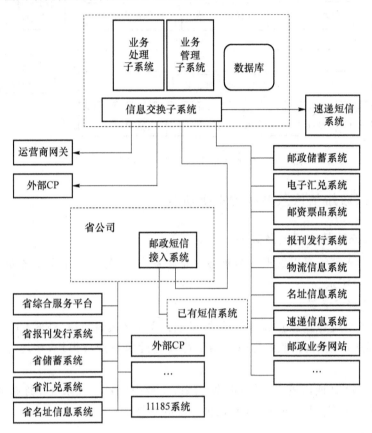

图 2-14 短信接入应用系统框架结构

服务提供商(Service Provider,SP),在短信行业一般指短信服务的提供商,一般特指中国移动、中国联通、中国电信的短信业务合作伙伴。

内容提供商(Content Provider,CP),在短信行业一般指为短信服务提供信息内容的经营商。

3. 系统应用软件逻辑结构

邮政短信接入系统应用软件位于系统软件和外部应用系统之间。邮政短信接入系统分为 3 个子系统:信息交换子系统、业务处理子系统、业务管理子系统。信息交换子系统也就是信息交换处理模块,包括系统与外部的各个接口。业务处理子系统分为业务处理模块、计费处理模块、邮企/信通模块。业务管理子系统分为业务管理模块、信息管理模块、清算模块、系统管理模块。整个邮政短信接入系统应用软件逻辑结构如图 2-15 所示。

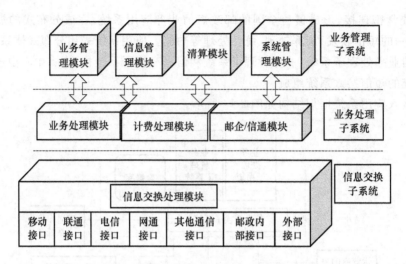

图 2-15　邮政短信接入系统应用软件逻辑结构

2.4.3　邮政短信接入系统的主要功能

1. 应用系统的基本组成及关系

邮政短信接入系统是以数据库为核心的业务系统,其各个应用子系统及其功能模块基本关系如图 2-16 所示。

(1) 信息交换子系统

信息交换子系统包括运营商通信模块、邮政内部 CP 通信模块、外部 CP 通信模块。

① 运营商通信模块:按照各运营商通信协议建设短信接口模块,实现与各运营商短信网关相连。

② 邮政内部 CP 通信模块:对内提供与邮政企业内部各业务系统相连接的通信接口。

③ 外部 CP 通信模块:对外部 CP 提供标准的通信接口。

(2) 业务处理子系统

① 业务处理模块:业务处理模块完成用户短信到目标业务系统的路由处理、错误处理,并可根据邮政内部业务系统的需要扩充部分业务处理功能。

② 邮企/信通模块:实现邮企通、邮信通业务功能。

③ 测试模块:实现移动运营商短信测试功能。

④ 计费模块:计费处理模块用于对邮政短信接入系统处理的所有短信业务进行计费处理,包括手机扣费用户业务、行业应用业务、免费业务(邮企/信通等)。

(3) 业务管理子系统

① 业务管理模块:用来管理用户订购关系及增加或删除邮政内部、外部 CP 开通的短信业务。

② 清算模块:完成运营商与系统的信息费收入和基本通信费对账、清算功能和收入及支出统计功能,并产生财务及管理报表。

③ 信息管理模块:用于生产经营上的报表统计、信息查询和综合分析。

④ 系统管理模块:用于管理系统维护权限及对系统进行监控,对短信内容进行过滤。

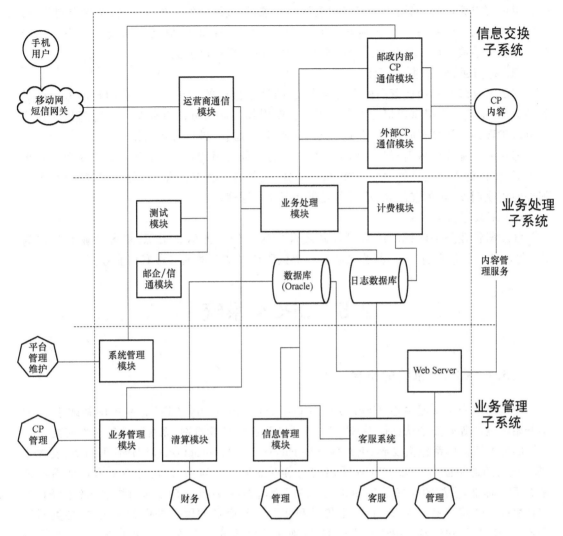

图 2-16 短信接入应用系统基本组成及关系图

2. 业务功能

(1) 点播类业务

① 点播(即短信点播):就是通过手机发送固定短信内容到固定短信号码,连接相应短信接入系统并获得相关信息的方法。点播流程为:用户通过手机发送短信,通过运营商短信网关发送到 SP 的短信接入系统,经过接入系统的处理后,SP 将相关信息回复到用户手机。

② 点播查询:用户通过发送手机短信查询相关信息,系统判断用户的查询要求,访问短信综合数据中心相应数据库,并以短信返回查询结果。

③ 点播交易:储蓄用户通过发送手机短信缴纳手机/电话费,短信系统通过综合服务平台进行身份验证,并从该手机绑定的绿卡账户扣取相应费用,以短信返回缴纳结果。

(2) 定制类业务

定制,即短信定制,就是通过手机、窗口或网站发送定制信息到相应短信接入系统,建立相关订购关系的方法。定制流程为:用户通过手机、窗口或网站发起短信定制请求,运营商确认用户请求无误后,向用户发起二次确认的要求,经过用户的二次确认后,确立定制关系。运营商再将用户定制关系发送到SP的短信接入系统,SP的短信接入系统接受用户的定制。定制关系成立后,SP根据订购要求主动发送短信到用户手机。

(3) 邮信通、邮企通

邮信通是邮政参照运营商的企信通模式,向社会推出的一种面向企业用户的短信产品和品牌,为企业用户提供短信辅助办公服务。使用邮信通服务的企业员工通过邮信通客户端可以实现办公计算机收发短信,设置电子邮件到达通知,进行日程安排等。

邮企通是邮政将短信服务运用于邮政内部的业务管理、办公管理、生产管理及业务宣传等方面,包括储蓄与汇兑的短信稽查、会议通知、电子邮件到达通知、日程安排、特快与大宗邮件的揽收调度、业务宣传等,从而实现廉价高效的管理。

(4) 邮政彩信

邮政彩信业务是依托邮政自身及邮政合作伙伴的业务信息资源,将各专业业务作为CP,将业务相关信息进行处理,为邮政客户提供彩信增值服务的各种彩信业务。

2.5 CPCA系统

2.5.1 CPCA系统的概念

中国邮政安全认证中心(China Post Certificate Authority,CPCA)是中国邮政于2000年开始建设的邮政安全认证体系,CPCA依托邮政综合计算机网,系统整体安全性较高。

CPCA认证体系包括发放SET(Secure Electronic Transaction)证书的SETCA、发放非SET证书的通用证书CA。CPCA采用的是通用证书认证体系,通用证书安全认证系统遵循X.509标准,发放的证书以X.509证书格式为基础,并在此基础上进行扩展,兼容SSL等多种协议。通用证书为在Internet上提供和使用电子商务的服务提供者和用户、各类网络设备、服务器、用户终端等提供数字证书,以确保数据传输的完整性、数据的安全性,实现身份认证和交易防抵赖等功能。

CPCA证书可分为四级。

一级证书:最高级别的证书,由CA全国中心受理审核发放,一般应用于系统证书、支付网关证书、行业证书等。

二级证书:由业务受理点受理并审核,CA全国中心进行二次审核后发放,如商家证书、服务器证书等。

三级证书:通过业务受理点或网络安全地进行证书申请,审核由业务受理点完成,如个人用户证书。

四级证书:采用浏览器方式直接通过网络向CPCA申请,如测试证书或安全性要求不高的个人用途证书。

2.5.2 CPCA系统的构架

CPCA的体系结构包括三级,最上级是全国中心,中间级是各省审核受理中心,最下面一级是业务受理点和证书用户,中国邮政安全认证系统体系结构如图 2-17 所示。

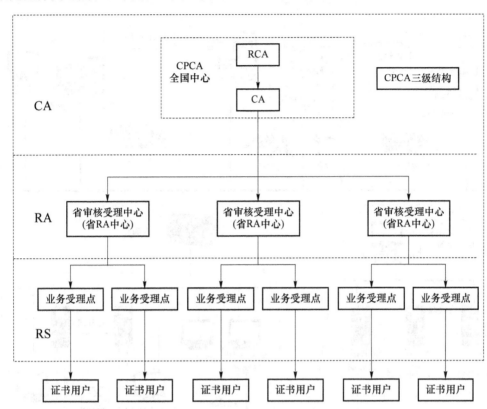

图 2-17　中国邮政安全认证系统体系结构

CPCA 全国中心由一个 RCA(RootCA,根 CA)和一个 CA 组成,并且由 RCA 负责给 CA 发放证书。RCA 是邮政认证系统 CPCA 的政策审批授权者,是制定 CPCA 的政策规范依据,负责与其他认证体系进行相互认证,审核 CA 的具体政策和操作管理规范等工作。设立 RCA 便于与其他认证体系互相认证,并且可以在今后的 CA 扩建过程中,方便地增加 CA 中心。

CPCA 全国中心系统网络结构如图 2-18 所示,全国 CA 中心在逻辑上由根 CA、签名 CA、密钥管理系统、信息发布和接口系统、证书管理系统等 7 个部分组成,内部通过快速以太网连接,用防火墙划分为 4 个区域。

(1) 根 CA 系统

根 CA 由根证书服务器、加密机和操作终端组成。根 CA 是整个 CA 体系的根本,用于签发签名 CA 的证书,使用次数很少,因此将根 CA 与签名 CA 和密钥管理系统设置在同一网段,位于系统的核心区域,由于该系统在 CA 中的关键作用加上其使用次数很少,所以只在需要签发证书时才处于开机状态,其余时间均为关机状态,确保系统不会受到攻击。

(2) 签名 CA 系统

签名 CA 在整个 CPCA 系统中具有极其重要的作用,因此该系统对安全性和可靠性的要求都很高。为了保障该系统的安全,一般有两种安全防护方案:第一种方案是签名 CA 系统通过硬件防火墙与其他系统连接,使用标准 TCP/IP 协议进行通信;第二种方案是签名

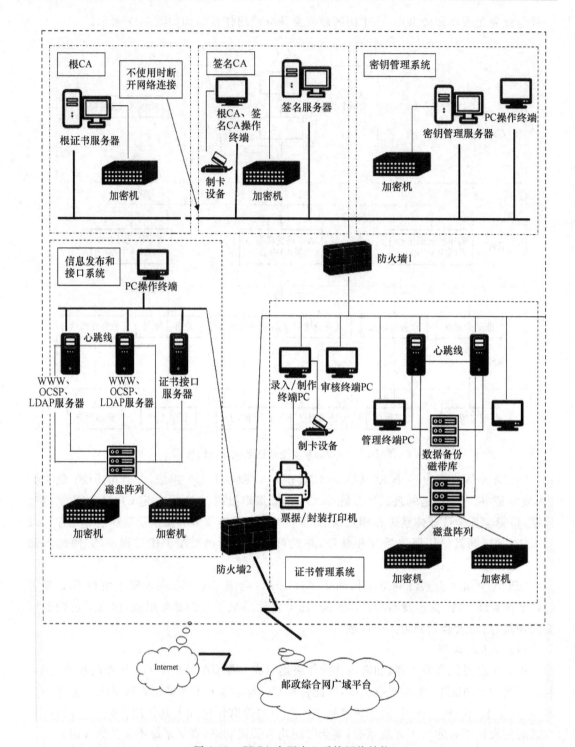

图 2-18 CPCA 全国中心系统网络结构

CA 系统通过并口与其他系统连接,使用自定义的通信协议实现数据通信。

(3) 密钥管理系统

密钥管理系统是基于 CA 中心的密钥管理,如果密钥管理由第三方执行,则只需将密钥管理服务器移至第三方场所即可,连接方式为由证书管理系统经防火墙连接。密钥管理服务器设置在系统的最内层,与证书签发系统在同一网段内,由密钥管理服务器、操作终端和加密机组成,整个系统只通过防火墙与证书管理系统连接,从而保证其安全性。

(4) 证书管理系统

证书管理系统由证书管理服务器、加密机和录入/制作、审核、查询/统计、管理等操作终端组成,位于系统的内部区域。它对内通过防火墙连接由根 CA 系统、签名 CA 系统、密钥管理系统组成的核心区域;对外通过防火墙连接信息发布和接口系统,它与公网没有直接通道,从而保护证书管理系统的安全性。

(5) 信息发布和接口系统

信息发布和接口系统为用户提供网上在线注册功能和查询功能,同时提供数据发布功能和与 RA 中心通信的功能,它由信息发布服务器、证书接口服务器、加密机和操作终端组成。它一方面通过防火墙内部端口与证书管理系统通信,接收并发布各种数据,通过防火墙外部端口与公网相连,接收用户在线注册和各种查询请求;另一方面接收来自各 RA 中心的各类数据处理请求,通过防火墙将数据处理请求提交给证书管理系统进行处理,接收证书管理系统的处理结果并反馈给 RA 中心。

(6) 审核受理中心

审核受理中心(即 RA 中心)负责汇总本中心所辖的各业务受理点接收的各类用户的证书和证书作废申请(黑名单申请),并负责对某些证书和黑名单申请进行审核,维护并发布本中心所管理的用户黑名单库。RA 也面向最终用户进行业务受理,负责用户资料的录入、审核等工作。

(7) 业务受理点

业务受理点是为用户提供证书申请服务的受理窗口,负责接收用户的证书申请请求,对用户提交的资料进行初级审核,并将资料提交相应的审核受理中心,业务受理点还可以向用户分发数字证书。

2.5.3 CPCA 系统的主要功能

CPCA 系统主要分为 CA 中心和 RA 中心两大部分,现重点介绍下 CA 中心的主要系统功能。

(1) CA 管理中心主要功能

① 负责证书的签发、CRL 签发,以及所辖 RA 的所有用户资料的管理。

② 授权设立 RA 管理中心。

③ 处理各 RA 管理中心发来的各种业务请求。

④ 负责发布和维护全网的 LDAP,支持 LDAP 崩溃后信息的重新发布。

⑤ 授权设立业务受理点。

(2) CA 管理子系统的功能

① 查询、统计分析和报表。

② 备份、恢复和容灾处理。

③ IC 卡解锁。

④ 操作员和权限管理。

⑤ 其他管理功能。

(3) CPCA 管理中心的功能

① 负责本地用户资料的录入、审核,以及为客户制作证书。
② 维护本地用户资料库。
③ 与 CA 管理中心进行通信,完成各种业务操作。

2.6 ERP 系统

2.6.1 项目概述

1. ERP 介绍

企业资源计划(Enterprise Resources Planning,ERP)将企业的财务、采购、项目、生产、销售、库存和其他业务功能整合到一个信息管理平台上,从而实现信息数据标准化、系统运行集成化、业务流程合理化、绩效监控动态化、管理改善持续化。也可以说 ERP 运用信息技术将企业内的物流、资金流和信息流进行有效集成,使其协调运作,从而实现整个企业绩效最优化。ERP 强调对企业内外部资源进行优化配置,强调资源预测、资源计划、计划执行和执行后评估的闭环管理。应用 ERP 可以提升企业的决策支持效率和管理水平,提高企业的竞争力。众多实践证明,ERP 是有效解决企业的诸多困扰、提升综合管理能力的有力手段。

ERP 对企业所拥有的人、财、物、信息、时间和空间等综合资源进行综合平衡和优化管理,协调企业各管理部门,围绕市场导向开展业务活动,提高企业的核心竞争力,从而取得较好的经济效益。所以,ERP 不仅是一个软件,而且也是一项管理工具。它是 IT 技术与管理思想的融合体,也就是先进的管理思想借助 IT 工具,来达成企业的管理目标。

2. 中国邮政 ERP 项目建设背景及意义

(1) 提高企业核心竞争力的需要

在 2016 年《财富》"世界 500 强企业排行榜"中,中国邮政位居第 105 名。中国邮政整体具备了一定的收入规模和实力,但企业的管理理念和管理手段与国际先进企业相比均存在较大差距,随着市场的开放邮政行业面临前所未有的竞争压力。一个企业的竞争力很大程度上来自于企业的管理,现代化的企业管理体系则需要一个流程统一和功能完善的系统做支撑。ERP 的建设就有利于提高整个企业的精细化管理水平,降本增效,为激烈的市场竞争做好准备。

(2) 强化中国邮政科学管控和发展转型的需要

随着集团业务的扩张、投资的多元化,面对互联网经济冲击和市场竞争的双重挑战,强化邮政集团科学管控,大力推进业务创新是实现企业转型升级的一个重要途径。如何加强集团管控、推进传统邮政向现代邮政转型是当前的重要课题。ERP 就是一种满足多地域、多业务、多层级的集团整体运作的企业级应用,未来将成为集团管控和变革转型的执行平台。

(3) 优化业务流程、实现资源共享的需要

按照国务院对邮政企业改革的总体要求,邮政企业进行了深入的体制改革,形成了邮政业务、金融业务和速递物流业务三大板块分业务经营的基本格局。在三大板块各自发展、做大做强的同时,集团公司从业务层面提出了"一体两翼"的经营发展战略,中国邮政要更加注重"合"的力量。为了使三大板块形成发展合力,2014 年 4 月集团公司启动中国邮政 ERP 系统的建设,旨在通过标准化的业务流程和信息数据,协调企业各生产、经营环节及各管理部门,共享信息资源,全面提升企业价值水平和精细化管理水平,进而提升企业的竞争能力,为建设世界一流邮政企业奠定坚实的基础。

2.6.2 邮政 ERP 系统

1. 邮政 ERP 项目的建设内容

① 采用成熟套装软件与自主开发相结合的方式,以全国大集中的模式部署实施中国邮政 ERP 核心系统,实施范围包括集团内的各板块、各专业,功能范围涵盖财务、项目管理、采购和审计等模块,同时配套建设主数据管理系统及报表合并与分析系统。ERP 核心系统、主数据管理系统与报表系统的全部应用和数据部署在全国中心,以全国中心联机作业形式运行,采用企业服务总线技术实现与各板块信息系统的互联互通和信息资源共享。

② 在集团公司总部和邮务类板块配套建设与财务省集中核算相关的报销报账系统、银企互联系统和电子影像系统,满足集团公司总部及各直属单位、各省邮政分公司用户电子化报销报账的需求。

③ 以实现集团公司业务、财务一体化,满足 ERP 核心系统数据采集和管理需求为目标,对集团公司现有的相关管理信息系统和邮务类板块相关业务信息系统进行配套改造。中国邮政储蓄银行、中国邮政速递物流股份有限公司、中邮人寿保险股份有限公司、中邮证券有限责任公司等集团控股公司根据 ERP 核心系统数据采集和集团管控的需要进行相关信息系统的配套改造。

2. 邮政 ERP 系统的总体架构

中国邮政 ERP 系统采用统一软件平台和适度集中的技术架构,形成各业务领域各具特点又紧密集成的体系。总体上每个业务领域建立一套 ERP 系统,同时在每个 ERP 系统上,采用数据仓库技术,实现各个系统数据的集成和共享,总体架构见图 2-19。

3. 邮政 ERP 系统的核心模块

邮政 ERP 系统选用 Oracle 公司的电子商务套装管理软件(Oracle E-Business Suite),作为中国邮政 ERP 系统的核心软件平台,主要包含财务管理、采购管理、投资项目管理、审计管理和主数据管理等五大核心功能模块。

① 财务管理模块主要包括总账管理、应收管理、应付管理、固定资产、管理会计、预算管理、资金管理、内部往来、股权管理、统计分析和合并报表等功能。

② 采购管理模块主要包括需求计划、采购管理、库存管理等功能。

③ 投资项目管理模块主要包括前期管理、设计与计划、执行与监控、竣工管理、信息与文档、项目后评估等功能。

④ 审计管理模块主要包括审计标准、审计过程管理和审计报告等功能,审计管理模块

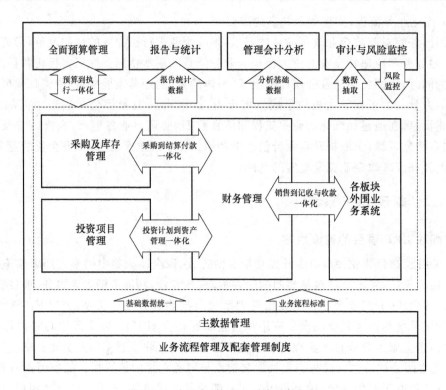

图 2-19 中国邮政 ERP 系统总体架构

为中国邮政 ERP 项目单独开发。

⑤ 主数据管理模块主要包括主数据合并、主数据协同、集中化主数据管理、数据质量管理等功能。

2.6.3 中国邮政 ERP 系统运行支持体系

集团公司 ERP 系统运行支持体系采用三级运行支持体系架构。

第一级运行支持是指各省自行组建运行维护队伍负责的运行支持。各 ERP 系统应用单位都要组建本单位的运行支持队伍，根据本单位 ERP 系统应用情况设置相应岗位和人员，其主要职责是负责本单位 ERP 系统的运行维护，接收和处理本单位 ERP 系统用户提出的全部问题，向上级运行支持部门提交本级无法处理的问题，同时负责规范本单位的运行支持管理，对 ERP 系统使用人员进行操作培训等。

第二级运行支持是指由 ERP 项目办组建的支持队伍负责的运行支持。第二级运行支持遵循集中统一管理原则，负责管理总部共享服务中心。在项目建设期间，由参加建设的内部支持单位负责组建，主要职责是解决第一级运行支持提交的各类应用问题和需求，对各单位第一级运行支持人员进行培训，具体工作有系统监控，软硬件维护、更新和升级，账号权限管理，数据库备份和恢复，与软件、硬件、咨询等外部供应商进行沟通协调，以解决各类问题。

第三级运行支持是指由软件、硬件、咨询等供应商及其业务专家组成的专家支持中心负责的运行支持，主要职责是解决第二级运行支持提交的各类问题。

第三级运行支持体系架构明确了集团公司 ERP 系统运行支持的组织和管理层级，同时确定了各级运行支持的主要职责，从而保证了 ERP 系统运行支持工作的有序开展。

集团公司 ERP 系统运行支持的三级架构中，第一级运行支持是基础，第一级运行支持能否充分发挥作用对于保证 ERP 系统平稳运行起至关重要的作用。第一级运行支持的建设应依照第三级运行支持架构的要求并结合本单位特点进行。首先应确定第一级运行支持的组织和人员，并确定一名领导负责运行支持工作，在 ERP 系统涉及的相关业务领域都应设立第一级运行支持人员，如主数据、账号权限、采购、项目、财务管理等方面。人员可以专职或兼职，各方面的工作应至少有两名人员，形成 A、B 角，相互备份，以便能够及时处理问题。其次应在第二级运行支持的协助下制订相关管理制度和流程，以保证第一级运行支持工作的有序进行。最后应建立有效的协调沟通和考核机制，以保证第一级运行支持工作的顺利开展。第一级运行支持的建设是一个持续过程，需要不断完善。

思考题

1. 中国邮政 ERP 项目的核心功能及最终目的是什么？
2. 中国邮政 ERP 项目的支持体系架构中，第二级运行支持体系架构的主要职责与具体工作内容有哪些？

2.7 CRM 系统

2.7.1 CRM 系统建设概述

中国邮政作为大型企业集团，积累了大量的客户和业务信息，如何充分利用这些信息优化业务流程、提供决策支持、提升客户体验、增强客户黏度，将是支撑中国邮政可持续健康发展的基础。基于以上业务发展目标及经营战略，中国邮政提出了 CRM 系统建设工程，通过 CRM 系统的建设，整合数据、贯通流程、统一视图、协同服务，实现客户、渠道、产品、服务等基础资源的融合共享，强化精准营销，支持集团总部及各业务板块的管理及业务发展。

中国邮政遵循"互联网+"的理念，积极运用大数据、云计算和移动互联网等新技术，在 CRM 系统中构建客户管理、客户洞察、客户 360°视图、会员积分管理、营销管理、销售管理、客户服务管理、知识库管理、渠道管理及产品管理等 10 个方面的客户关系管理能力，从而促进板块联动，支撑交叉营销，实现集团公司整体价值最大化，实现"以客户为中心，以市场为导向"的转型发展。

2.7.2 CRM 系统建设目标与内容

CRM 系统的整体定位是用于全面支撑营销、销售、服务、会员业务开展，承接前、后台系统。CRM 系统将整合不同渠道的信息，并对客户、营销、销售、会员积分、服务和知识库等相关核心业务进行支撑。由于 CRM 模块内容较复杂，这里只介绍该项目中的客户管理、客户 360°视图、客户洞察 3 个基础模块。

1. 客户管理

作为 CRM 系统的基础功能，客户管理的业务目标是整合全集团的机构和个人客户信息，实现集团统一赋码。客户管理主要解决两个问题：一是各业务线的客户能唯一识别；二是客户的基础信息能整合。

集团层面能够整合来自集团所属各业务线的客户资源，实现集团统一的客户数据管理、统一的分层管理和客户资源管控。

业务线层面能够通过整合分散在各业务系统中的个人、机构客户数据，并集中进行客户数据的清洗和归并，最终将统一、完整、准确的客户数据用来支持营销、服务、管理等企业经营工作。

客户管理的业务价值体现在以下4个方面。

首先，客户管理对象更全面，除通过ERP实现邮务、速递的协议客户管理外，将对邮务、速递符合准入规则的散客，银行、保险和证券的机构以及个人客户也进行统一管理，实现集团机构和个人客户的全面管理。

其次，客户管理内容更丰富，CRM系统通过对接业务系统和服务系统，整合更多的业务数据，将一个客户与中国邮政发生的各种业务关系进行归集，客户管理内容更丰富，包括客户基础信息、关系信息、业务信息和行为信息等。

再次，客户分层管理更灵活，基于客户的价值贡献进行分层管理，支持在企业的经营活动中将资源、服务投向重要客户，提升客户的黏性和价值。例如，客户分层会考虑客户的当前价值、潜在价值，并提供灵活的分层配置工具，还可以结合业务特点，兼顾地域经济发展差异，分别进行分层规则和层级管理的灵活设置，形成集团、业务线两级客户分层，从集团、业务线两个层面提供精准的产品和服务资源。

最后，客户资源共享更加充分，中国邮政业务范围广，客户资源丰富，具备强大的客户资源共享潜力。通过CRM系统的建设，支撑客户资源的统筹管理机制，在保障客户信息安全的前提下，支持跨业务线的数据共享，提升业务线协同能力，充分发挥客户数据价值。

2. 客户360°视图

客户360°视图通过聚合客户信息，并对客户信息进行业务分析后的信息进行分类，形成一个全面的信息视图。通过该视图，中国邮政能对客户进行全方位的了解，达成对客户的全方位认知，更好地为客户提供高效精准的产品推荐和服务。

客户360°视图是客户信息的全面展示，包括客户基本信息、客户关系信息、客户业务信息、客户洞察信息、客户风险信息、客户价值信息与客户行为信息等。通过各维度的信息，可以极大地提高客户洞察能力和业务运营水平。

客户360°视图的作用主要体现在以下4个方面。

首先，客户360°视图提供完整、准确的客户信息视图。客户360°视图对散落在不同业务与管理系统中的客户数据进行有效清洗与数据整合，提供统一的信息展现，便于业务人员对客户信息的查询与分析。

其次，客户360°视图是有效整合企业内部信息、建立互联互通的客户视图。通过打通各业务系统壁垒，将CRM系统与各业务系统进行对接，实现由单一入口对客户业务信息的全面查询与分析。

再次，客户360°视图建立客户视角的洞察与分析，实现以客户为中心的管理运营转型。过去以产品为中心，同一个客户的信息散落在不同的产品订单中，客户360°视图通过整合客户相关信息，实现以客户视角的洞察与分析，为以客户为中心的转型发展打好基础。

最后,借助客户360°视图中客户全方位信息的洞察结果,可以有效指导客户营销、销售、服务与风险管控,在提升企业精细化运营能力和提升收益的同时,有效控制成本。

为了获得统一客户视图,CRM系统对接各业务线相关系统,获取客户的全面信息。在数据整合过程中,通过业务、技术相结合的手段来提高数据质量、数据准确性和数据安全性。

3. 客户洞察

客户洞察通过建立精准高效的ACRM系统,提高基础数据支持能力,打造基于数据挖掘的客户分析模型库,有力支撑各业务系统的数据需求,创造更高的业务价值。

同时,通过系统固化常用分析报表,完善从手工到自动的方式,使经营分析维度更丰富、更灵活(自定义报表),并支持移动端的呈现,最终达到客户经营分析更准确、更实时、更便捷的目的。

客户洞察的业务价值具体体现如下。

首先,客户洞察可以实现生命周期动态管理。CRM系统将实现全量客户的生命周期识别,将客户分为获取期、存量和流失期,为不同生命周期客户的营销服务策略制定提供了依据。

其次,客户洞察实现精准营销、精确服务。利用数据分析与挖掘工具,从客户行为、特征、价值、忠诚度等维度对客户进行细分,为细分客户群的差异化营销提供依据。同时,系统将提供灵活的配置界面,根据业务特点及业务发展变化,灵活配置客户价值的评估指标与权重,保障了客户价值评估的适用性和灵活性。

再次,客户洞察在关键时刻,助力事件式营销。对客户首次签约、首次交易、首次跨业务交易、签约到期、客户生日、业务异常波动、流失预警等关键时刻事件,系统实时捕捉,及时提醒,让各业务线及时把握营销、服务、客户维系的机会,避免错失良机。

最后,客户洞察经营分析更灵活。在原有报表体系的基础上,从客户收入贡献、客户价值、客户特征等多方面,提供更为丰富的报表以及更灵活定义的自助报表分析工具,让报表的"所见即所得"成为现实。

2.7.3 价值评估简介

客户价值分析能够全方位体现客户在中国邮政业务中的价值情况,采用当前通用的价值评估方法,并综合考虑中国邮政各业务线的业务特点及融合需求,通过对客户当前价值、潜在价值的分析,建立客户细分模型,为客户分层或分级管理提供依据,对不同层次的客户进行精确营销和差异化服务。

客户价值分析分为3个部分。

客户当前价值:指客户的当前利润贡献度情况。当前价值主要包括客户对企业的收入、利润贡献及服务成本,如邮政业务收入、客户利润贡献、营运成本等。由于利润贡献需由收入减去成本获取,并鉴于成本数据分摊到单个客户的难度,一般企业采取以客户收入贡献代替利润指标、以归属明确或易于评估的成本代替成本指标的做法进行评估。邮政客户的利润贡献亦用收入来代替,并考虑其他当前价值的影响因素。(在不能把成本和利润贡献明确到具体客户的情况下,暂时采用收入贡献代替利润指标的方法。)

客户潜在价值:指客户从当前时点至客户关系生命周期终止前所有可能购买的产品或

服务。因为使用这些产品或服务会带来经济价值贡献,以及其他可能间接为企业带来收益的行为,包括客户推荐行为。鉴于客户推荐行为采集能力的局限性,可不予在评估模型中考虑,重点考虑客户未来可能带来的收益(如业务线购买潜力、关联邮政产品购买潜力)以及客户满意度对客户持续使用的影响。

价值细分模型:基于客户当前价值和潜在价值对客户进行群体价值细分,识别出高、中、低价值客户。通过客户价值细分评估,引导决策层制定目标客户战略。本模型输出的客户细分群体,用于后续的客户细分模型,以进行更深入的客户规律分析。

思考题

1. 简要回答中国邮政 CRM 系统的建设背景与建设目的是什么?
2. 中国邮政 CRM 系统的客户管理的业务价值功能体现在哪几个方面?
3. 中国邮政 CRM 系统客户价值评估分为哪几部分?并简要回答各部分的作用。

第3章 邮政农村电子商务

3.1 实施农村电子商务的背景

随着城市电子商务模式的不断成熟和市场的逐渐饱和,近年来农村电子商务取得了跳跃式的发展,究其原因,主要是国家政策的大力扶持、市场的巨大潜力和邮政的战略支持。

3.1.1 国家政策支持力度不断加大

2013年以来,政府高度重视农村电子商务的发展,农村电子商务政策体系逐步完善,电子商务进农村综合示范工作进展显著,电子商务成为农村脱贫攻坚、创业创新的重要载体,相关政策不断出台,见表3-1、表3-2、表3-3。

表3-1 政府出台农村电子商务相关政策一览表

发布时间	部门	名称	影响
2015年2月1日	中共中央、国务院	《中共中央 国务院关于加大改革创新力度 加快农业现代化建设的若干意见》	政策在创新农产品流通方式中表示要支持电商、物流、商贸、金融等企业参与涉农电子商务平台建设,开展电子商务进农村综合示范。目前高平乐村淘属于电子商务进村示范县主要承接方
2015年5月7日	国务院	《国务院关于大力发展电子商务 加快培育经济新动力的意见》	政策要求积极发展农村电子商务,加强互联网与农业农村融合发展,引入产业链、价值链、供应链等现代管理理念和方式,研究制定促进农村电子商务发展的意见,出台支持政策措施
2015年7月4日	国务院	《国务院关于积极推进"互联网+"行动的指导意见》	政策要求积极发展农村电子商务,开展电子商务进农村综合示范,支持新型农业经营主体和农产品、农资批发市场对接电商平台,积极发展以销定产模式。根据该政策乐村淘开启农产品上行、特色馆销售业务
2015年8月7日	国务院办公厅	《国务院办公厅关于加快转变农业发展方式的意见》	政策要求培育新型流通业态,大力发展农业电子商务,制定实施农业电子商务应用技术培训计划,引导各类农业经营主体与电商企业对接,促进物流配送、冷链设施设备等发展

续表

发布时间	部门	名称	影响
2015年8月21日	商务部等19部门	《关于加快发展农村电子商务的意见》	政策要求争取到2020年,在全国培育一批具有典型带动作用的农村电子商务示范县
2015年9月29日	国务院办公厅	《国务院办公厅关于推进线上线下互动 加快商贸流通创新发展转型升级的意见》	政策要求开展电子商务进农村综合示范,推动电子商务企业开拓农村市场,构建农产品进城、工业品下乡的双向流通体系,政策的实施和乐村淘的O2O运营模式不谋而合
2015年11月9日	国务院办公厅	《国务院办公厅关于促进农村电子商务加快发展的指导意见》	政策要求积极培育农村电子商务市场主体,充分发挥现有市场资源和第三方平台作用,培育多元化农村电子商务市场主体,鼓励电商、物流、商贸、金融、供销、邮政、快递等各类社会资源加强合作,构建农村购物网络平台,实现优势资源的对接与整合,参与农村电子商务发展
2015年11月29日	中共中央、国务院	《中共中央 国务院关于打赢脱贫攻坚战的决定》	政策支持电商企业拓展农村业务,加强贫困地区农产品网上销售平台建设。加强贫困地区农村电商人才培训,对贫困家庭开设网店给予网络资费补助、小额信贷等支持
2016年1月3日	农业部	《农业部办公厅关于印发〈农业电子商务试点方案〉的通知》	政策要求积极探索"基地+城市社区"鲜活农产品直配、"放心农资进农家"等农业电子商务新模式
2016年3月23日	商务部办公厅	《商务部办公厅关于印发〈2016年电子商务和信息化工作要点〉的通知》	政策表示继续开展电子商务进农村综合示范,优先在革命老区和贫困地区实施,提高扶贫效率和精准度,加大农村电子商务创新创业扶持力度
2016年3月17日	商务部等6部门	《商务部等六部门关于印发〈全国电子商务物流发展专项规划(2016—2020年)〉的通知》	政策要求加快电子商务物流发展,提升电子商务水平,降低物流成本,提高流通效率
2016年4月15日	国务院办公厅	《国务院办公厅关于深入实施"互联网+流通"行动计划的意见》	政策要求深入推进农村电子商务,政策对农产品上行和农村最后一公里问题的解决给予了切实有效的指导
2016年5月12日	农业部等8部委	《关于印发〈"互联网+"现代农业三年行动实施方案〉的通知》	《方案》提出了农业物联网试验示范工程、农业电子商务示范工程、信息进村入户工程
2016年10月	中央网信办、国家发展改革委、国务院扶贫办	《网络扶贫行动计划》	政策实施"网络覆盖工程、农村电商工程、网络扶智工程、信息服务工程、网络公益工程"五大工程

续表

发布时间	部门	名称	影响
2016年11月10日	农业部	《农业部关于全面推进信息进村入户工程的实施意见》	乐村淘村级体验店符合信息入户的"6个标准要求",且本政策是配合"互联网＋"行动所出台的农村信息化发展策略
2016年11月17日	农业部	《全国农产品加工业与农村一二三产业融合发展规划（2016—2020年)》	积极发展电子商务等新业态、新模式,发挥电子商务在一二三产业融合发展中的积极作用
2016年11月23日	国务院扶贫办等16部委	《关于促进电商精准扶贫的指导意见》	电子商务进农村示范县,农产品上行向2.0版迈进,更加注重农产品的标准化、规模化和品牌化,重点打造4万家电商扶贫示范点

表3-2 我国颁布的农村电子商务相关政策文件

发布时间	政策文件	相关内容
2016年12月	《中共中央 国务院关于深入推进农业供给侧结构性改革 加快培育农业农村发展新动能的若干意见》	深入实施电子商务进农村综合示范,推进"互联网＋"现代农业行动,鼓励地方规范发展电子商务产业园
2017年2月	《国务院关于印发"十三五"促进就业规划的通知》	推动发展"互联网＋现代农业",大力发展农产品电子商务、休闲农业、创意农业、森林体验、森林康养和乡村旅游等新业态
2017年1月	《商务部等5部门关于印发〈商贸物流发展"十三五"规划〉的通知》	加强农村物流网络体系建设,支持建设县、乡镇综合性物流配送中心和末端配送网点
2017年2月	《关于推进重要产品信息化追溯体系建设的指导意见》	到2020年,初步建成全国上下一体、协同运作的重要产品追溯管理体制,统一协调的追溯标准体系和追溯信息服务体系
2017年5月	《关于开展2017年电子商务进农村综合示范工作的通知》	以示范县创建为抓手,在总结前一阶段工作的基础上,深入建设和完善农村电子商务公共服务体系,进一步打牢农村产品上行的基础
2017年5月	《国务院办公厅关于印发兴边富民行动"十三五"规划的通知》	实施"互联网＋产业"扶贫,科技助力精准扶贫、电子商务扶贫、光伏扶贫、乡村旅游扶贫工程,拓宽边民增收致富渠道
2017年8月	《商务部 农业部关于深化农商协作大力发展农产品电子商务的通知》	加快建立线上线下融合、生产流通消费高效衔接的新型农产品供应链体系
2017年12月	《城乡高效配送专项行动计划(2017—2020年)》	完善城乡物流网络节点,降低物流配送成本,提高物流配送效率

注：本表引自《中国电子商务报告(2017)》。

表 3-3　2015—2016 年我国颁布的电商扶贫相关政策文件

发布时间	政策文件	相关内容
2015 年 8 月	《商务部等 19 部门关于加快发展农村电子商务的意见》(商建发〔2015〕306 号)	提出"提高电子商务扶贫开发水平"
2015 年 10 月	《国务院办公厅关于促进农村电子商务加快发展的指导意见》(国办发〔2015〕78 号)	提出"把电子商务纳入扶贫开发工作体系"
2015 年 11 月	《中共中央 国务院关于打赢脱贫攻坚战的决定》(中发〔2015〕34 号)	提出"实施电商扶贫工程"
2016 年 10 月	《网络扶贫行动计划》	提出实施农村电商等五大工程,在电商扶贫的基础上进一步拓展了互联网与扶贫工作结合的范围
2016 年 11 月	《关于促进电商精准扶贫的指导意见》(国开办发〔2016〕40 号)	首次系统地提出了电商扶贫的指导思想、主要目标,明确了三大重点任务和 7 个方面的具体举措

注:本表引自《中国电子商务报告(2017)》。

2013 年 11 月 9 日至 12 日,中共十八届三中全会提到:建议邮政企业积极开拓多种业务,提供多种便民服务;建议邮政企业将补建网点打造成为农村电商的发展平台;积极建立与物流快递企业的合作机制,做到资源共享、互惠互利;创新服务"三农"的新模式,构建网上购销对接机制,帮助电商公司开拓农村市场,也帮助特色农产品通过电子商务渠道走出农村,切实解决农村电商最后一公里问题。

2015 年 3 月 4 日,第十二届全国人民代表大会第三次会议主席团第一次会议结束后,习近平总书记听取了邮政代表的工作汇报,并对邮政工作做出重要指示:"农村市场广阔,电子商务更是大有可为! 希望你们邮政能做好!"

2014—2016 年,连续 3 年的中央一号文件均明确提出发展农村电子商务。2015 年相关政策密集出台,2016 年党中央、国务院、各部委累计出台文件 40 余个,基本完成农村电商的顶级设计和配套政策部署。2016 年 11 月,农业部出台《全国农产品加工业与农村一二三产业融合发展规划(2016—2020 年)》,提出新的目标,即到 2020 年农产品电子商务交易额将达到 8 000 亿元,年均增长保持在 40% 左右。

3.1.2　农村电子商务市场潜力巨大

数据表明,我国发展农村电子商务具有很大的空间和潜力。

首先,随着农村信息网络基础的改善和农村居民生活水平的提高,近年来我国农村网民规模持续增长,农村地区互联网普及率大幅提升,见图 3-1。

其次,2014 年以来,我国农村电商蓬勃发展,农产品电商一直保持高增长态势。2017 年,我国农产品网络零售额再创新高,农村网络零售额首次突破万亿元大关,达 12 448.8 亿元,同比增长 39.1%,见图 3-2、图 3-3。

最后,农村电商人才近年来回流迅速。由于农村电商创业成本低,参与便捷,吸引了大量的农民工、大学生和其他社会群体返乡创业。2017 年,全国农村网店达 985.6 万个(数据来自商务部),全国返乡下乡创业人员达 700 万人(数据来自农业部),其中,"淘宝村"已成为农村互联网"双创"的重要载体,带动超过 130 万个直接就业机会。

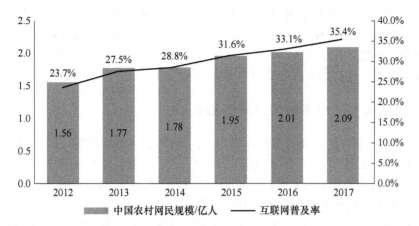

注：数据来自中国互联网络信息中心（CNNIC）。

图 3-1　2012—2017 年中国农村网民规模及互联网普及率

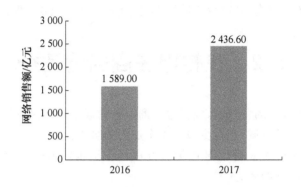

图 3-2　农产品网络零售额

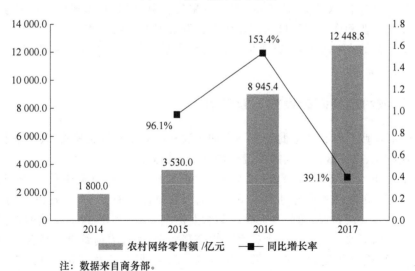

注：数据来自商务部。

图 3-3　2014—2017 年农村网络零售额

"淘宝村"是大量网商聚集在某个村落，以淘宝为主要交易平台，以淘宝电商生态系统为依托形成规模和协同效应的网络商业群聚现象(引自阿里研究院《淘宝村研究微报告2.0》)。"淘宝村"有以下3个判断标准:①交易场所,经营场所在农村地区,以行政村为单元;②交易规模,电子商务年交易额达到1 000万元以上;③网商规模,本村活跃网店数量达到100家以上,或活跃网店数量达到当地家庭户数的10%以上。

3.1.3 邮政将农村电商列为战略重点

中国邮政多年来在农村地区精耕细作,在为农村和农民提供均等化服务、拉动农村地区消费、鼓励农民开展创业方面,做了大量工作,具备了发展农村电子商务的先发优势。自2015年起,中国邮政集团公司紧抓电子商务发展的机遇,充分利用国家支持发展农村电商的政策,把发展农村电子商务作为集团公司的战略重点。

2015年年初,中国邮政下发《关于加快发展农村电子商务的决定》,要求各省从战略上高度重视农村电商的发展;在2016年全国邮政工作会议上,农村电商更是被列为中国邮政"十三五"期间三大增长极之一;2017年,中国邮政提出"强化平台优势,加快打造农村电商新增长极""批销业务上规模、农产品返城树典型、代购业务上层次"等工作要求。

3.2 农村电子商务的特征

在国家乡村振兴战略的背景下,农村电子商务的内涵已经不仅仅是网上买卖,也不单是工业品下乡,或者农产品进城,它至少包含4个层面的含义。

① 将农村地区的农产品、手工艺品通过互联网渠道销售出去,有网上分销和网上零售等形式,而不是简单地开网店。

② 在乡村聚集地以销售本地特色产品(包括工业品)为主要业务的乡村电商。

③ 将电商的物流、人才流、信息流、资金流聚集在县城周边,形成电商服务业、包装、仓储、物流等相关产业和商品配套供应产业协同集群发展的县域电商。

④ 将农民需要的生活服务、农业生产资料和生活日用品通过电商终端的延伸,实现服务到村的农村电商。

3.2.1 农村电商基础设施不断完善

近年来,我国政府和相关电商企业不断加快农村电商基础设施建设,促使农村地区的宽带网络、快递物流、电商服务网点的覆盖率均有明显提升。

根据《中国电子商务报告(2017)》显示:目前我国行政村通宽带的比例已经超过了96%,贫困村宽带的覆盖率已经达到了86%,我国农村已经有2.09亿农民上网;农村邮政业总体实现"乡乡设所,村村通邮",拥有各类营业网点21.7万处,快递乡镇网点覆盖率超过86%,北京、天津、河北、辽宁等13个省市实现全覆盖;电商进农村综合示范覆盖全国756个县,建设了1 051个县级运营中心、5万个村级电商站点,服务涉及275万贫困户。

3.2.2 农村网购优势明显

农村地区的传统购物以小卖部、供销社、庙会、县里的商场、乡里的商店为主,商品价格偏高,选择品种少,产品质量不能保证,而网购恰恰相反,能够寻找更好的价格优势,做更多品类的选择,同时产品质量在信用体系之下有一定保障。

具体而言,小卖部布点广泛,购买方便,选择货品范围很小。农村供销社购买也很方便,但是物价会高一些,品类比网购少一些。农村的庙会一般一年1~2次,不能天天购买,假货也会多一些。县里的商场、乡里的商店要比镇的货品多一些,有交通的问题,去大城市周边购买需付出交通的费用,那么从时间和交通的成本来比较,网购则比较有优势。农村网购区别于传统购物,可以归纳为3个典型特征,即价格优势、商品丰富性和便捷性。

① 价格优势:中心城市和农村物价更高;线上商品和服务价格平均比线下低6%~16%(麦肯锡报告)。

② 商品丰富性:实体商场货架有限;在线商品数以亿计。

③ 便捷性:传统购物需驱车进城;网购可快递直接上门。

阅读材料

阿里巴巴上市敲钟女孩变身新农人,携手开始吧打造农酿蜂蜜标杆

摘自:凤凰网商业,2018年7月23日。

2014年9月19日,阿里巴巴正式在纽约证券交易所上市,正式敲响阿里巴巴上市钟声的是8位来自阿里巴巴生态系统的参与者,其中就有以电商带动青川震后恢复的海归创业者王淑娟。而昔日的阿里巴巴敲钟女孩王淑娟已经是一名新农人,她以"农+旅+电商+扶贫"的模式,打造了新一代的土蜂蜜标杆。2018年7月11日,她又以发起人的身份,将这份甜蜜带上开始吧平台,要将儿时的味道分享给大家,目前项目认筹已超360万元,并在持续增长中。

各项数据表明,当下的农业众筹,已成为"三农"优质项目解决融资难及农产品品牌推广的优质渠道。这样的运营模式不仅能让消费升级下的城市人购买到他们所需的农产品,更是种"生活方式"。这正是开始吧正在做的,从单纯的买产品变成了买生活方式。

发起人王淑娟2014年创立了"念初心"品牌，重点把"我国本土小蜜蜂采集山间野花酿造的成熟蜜，每一批蜂蜜口感、香味、颜色、结晶都不同"作为品牌的差异化理念。同年，她接受了阿里巴巴集团的邀请，成为四川在纽约交易所敲钟的第一人。据她介绍，"念初心"蜂蜜曾登上了CCTV3的《开门大吉》，借助CCTV7的《致富经》向众人介绍了品牌的蜂蜜和蜂农，又通过CCTV的国际频道讲述品牌村级集体经济发展的故事。这一系列主流媒体的报道，让品牌的市场价值得到了肯定。

此次与开始吧合作，除了希望通过众筹的形式，筹集资金实现品牌的更大拓展，把青川中蜂和"念初心"蜂蜜做成中蜂的行业标杆外，还希望有共同标签的群体对产生"念初心"品牌获得价值认同，成为新品牌的消费者和传播渠道。选择开始吧，也是其履历使然，除了已成为业内标杆的民宿类项目(如松赞、西坡、大乐之野等)外，开始吧业务已深入到新农业、休闲业、餐饮业等线下商业实体的头部资源。据了解，目前平台已经上线超过2 000个项目，认筹总额逾52亿元，总认筹人次超过67万。单就农业领域而言，从"小河农场"到"袁米"再到"赤焰石榴"，打造了一系列爆款，吸引了众多消费升级的农业项目，也引来了如"任志强小米""吴晓波杨梅酒"等跨界项目。

该项目基地选址依山傍水，前后一公里没有人家，是蜜蜂的天然王国。并且为了帮助该地年迈的老人们更好地生活，团队与一个省级示范社合作，辐射各大乡镇487户蜂农，现已发展蜂群28 000余箱，建成3个中蜂繁育基地、18个中蜂养殖基地。在青川11个省级特困村发展中蜂产业，推行"提供优质中蜂蜂种、免费技术培训指导、合格蜜回收"的方案，鼓励建卡贫困户以自有资金、农业产业发展资金和扶贫信贷资金入股合作社，也支持非贫困户以自有资金入股，在年终按所持股份进行分红，让当地贫困户实现增收致富，目前已有500余名蜂农加入他们。

　　此外,团队还依托当地自有的龙头企业、省级合作社,借助青川当地成熟的特产产业链资源,从源头出发,亲自参与到蜂厂的养殖,把控关键节点,规范蜂农的养殖、收蜜;通过技术培训提高产能,强化产品质量。产品上市前,团队以每500斤(1斤=500 g)蜂蜜为一个样品进行质检,检测农残和抗生素残留,确保每一批蜂蜜都是天然纯正的味道,每一瓶蜂蜜都可以追溯到生产的蜂农。

　　2010年,在淘宝等电商蓬勃发展的启发和阿里之家的指引之下,她开始了自己的电商之路,入驻了成都淘宝创业园,成为青川最老的一批网商。有了这样成熟的经验,她顺利将"念初心"品牌布局线上线下销售渠道,线上与特色中国青川馆、淘宝、微信、天虎云商、融E购等平台合作;线下与调性相符的商超和便利店等多个渠道商进行合作。"念初心"实现了年均销售额从0元到2 100万元的突破。

随着消费升级时代的到来,无论是市场还是用户都迫切需要出现新模式、高品质的农业品牌和产品,开始吧也正在新农业崛起的这条道路上描绘潜力不可估量的广阔市场。

3.2.3 农村电商发展困难重重

农村电商的发展,虽然政府在政策层面给予了很多支持和指导,各企业在市场和运营层面也做出了积极的反应,但是由于广大农村地区基础设施薄弱,信息化程度低,农民购买力有限,加之我国农村地区地域广袤,各地农村都独具特色,使得目前农产品上行与工业品下乡问题仍然没有得到很好的解决,从全国范围内来看农村电商还没有出现真正意义上成功的模式,农村电商依然面临着重重困难。

(1) 认识两极分化,实践存在误区

对农村电商的认识,时间上存在两极分化的现象,行动上存在冒进的风险。以前是国家政策缺失,各地各企业发展农村电商无积极性;现在是从上到下、从里到外都在紧抓电商,于是从徘徊不前忽然转向贪功冒进、大干快上。行动上常见三大冲动:有盲目建平台的冲动;有盲目建园区的冲动;有招大商引大资的冲动。

(2) 最后一公里和最开始一公里的物流痛点

农村人口的分布继承古代社会部落式结构,农村人口较城市分散,这使得农村地区的物流成本远远高于城市,这对电商物流体系提出了极高的挑战。

(3) 分散、体量小的规模痛点

同中国城市电商和跨境电商相比,农村电商市场规模尚且很小。这为农村电商实现规模化、规范化、集约化和信息化等设置了障碍。

(4) 农民对电商平台的操作难点

农村电商面对的农民/农户群体,普遍对互联网、电商应用不熟悉,实际操作水平都较低,这给农村电商的发展带来了挑战。

(5) 难以持久有效营利模式的痛点

农村电商是一项需长期投入的民生工程,但目前没有较好的营利模式,各地现有个别案例均无法在全国范围内复制推广。

(6) 售后服务难以实施的痛点

目前的电商行业中,特别是B2C电商,虽然基本实现了销售层面的脱离线下模式,但是在售后服务方面电商还承载着相当大的工作量,这在农村电商领域更是一个难题,尤其是农产品的售后。

(7) 小富即安的意识在农民中普遍存在

由于我国农村地区千百年来的自给自足经济形态的影响,传统农民的收入一旦达到一定高度,便容易产生满足现状的想法,对扩大经营、提升质量等方面出现倦怠,这阻碍了他们的进一步前行。

村淘让众多前天的农民、昨天的进城务工者转变成今天的网商,其中一批大网商年销售额可达到几百万的量级,年利润几十万元,甚至上百万元。社会身份和生活方式的变化可谓巨大,但长期传统农耕经济下自给自足的小农生产所形成的思想意识却难以随之改变。在他们中的许多人看来,开网店仅仅是一个谋生的手段,一旦收入达到一定高度,便容易产生满足现状的想法。特别是,当他们必须改变和突破自我,才能适应新的发展要求时,小富即安的意识很容易阻碍他们进一步前行。

(8) 喜欢单打独斗的行事方式

绝大部分的农户网商不喜欢跟其他人合作,而更满足于自己当老板的状态。即使通过产权重组、强强联合的方式可以获得"1+1>2"的效果,通过开放和分享可以相互取长补短,他们中的许多人仍然倾向于自己的事情自己说了算,担心业务和技术的合作会让自己吃亏,尤其担心产权重组会让他们失去对企业的控制力,让别人主宰了自己的命运。因此,他们宁可选择单打独斗,以自己的小而弱去独自应对市场风险和市场竞争。

(9) 家庭制的生产经营形式

农村电商大多是以农户家庭为单位的产权制和家庭作坊式的经营制(可将其简单地合称为"家庭制"),农户家庭产权制当然具有积极的一面:有产权明晰、权责对称、无限责任等特点,会对创业中和创业之初的农村小微企业产生巨大的激励作用,如同农村改革中家庭联产承包责任制一样,会激励农民为自己而生产的积极性;家庭制在经营上也具有"船小好调头"的灵活性。然而,当事业发展到一定程度后,农户家庭制制约发展的一面便会日益暴露出来。农村小微企业无论要做大,还是要做精、做专、做活、做强,都需要有所创新,而这些创新却往往受制于家庭制,而难以取得大的进展。

3.3 典型电商企业的农村电商战略

互联网给我们的生活带来了很多改变,对商业模式更是进行了革新。从网络购物到生活服务,甚至到导购等衍生产业,电子商务已经成为广大消费者日常生活中不可或缺的一个部分。随着用户使用习惯的养成,电商的市场规模也在日益扩大,在一、二线城市"网购"已成为人们最为热衷的生活方式,这一消费市场也已经日渐饱和。相对而言,6亿的农村人口为行业留下相对空白的市场,从三、四线城市到乡镇农村大规模的用户群体在等待被挖掘,因此行业巨头和创业者们将目光转向了市场空间相对广阔的农村。

阿里巴巴(以下简称"阿里")、京东、苏宁等几大电商企业都加大力度开拓农村市场,通过农村淘宝、京东服务帮等形式,带动农村电商的快速发展,短短几年时间,农村电商就呈现出一片蓬勃的发展态势。此外,2017年中央一号文件首次将农村电商单独陈述,意味着农村电商越来越受到国家的重视。因此电商从城市转向农村发展是一个必然的趋势。

3.3.1 阿里巴巴的农村电商战略

阿里集团在2014年10月宣布启动"千县万村计划"这一农村战略,并表示将在接下来的3~5年内投资100亿元,建立1 000个县级服务中心和10万个村级服务站。

1. 农村淘宝的发展进程

随着阿里农村电商的推进,"村淘"已悄然成了热词,"村淘"即农村淘宝,是通过搭建县村两级服务网络,充分发挥电子商务优势,突破物流和信息流的瓶颈、人才和意识的短板,实现"工业品下乡"和"农产品进城"的双向流通功能,加速城乡一体化,吸引更多的人才回流创业,而实施的农村电子商务工程。

2014年,在项目启动之初,阿里先行在广东、浙江试点运营2个县级服务中心、10个村服务站;重点围绕团队组建,搭建县村两级服务网络,建设并运营县村本地物流配送体系。

2015年5月起,阿里巴巴集团启动了农村淘宝的"2.0"模式,合作伙伴从非专业化的小卖部,转变成为专业化的"农村淘宝合伙人",阿里巴巴计划在未来发展10万名合伙人。

进入2.0模式之后,农村淘宝进入全面合作布局期,结合试点县的成功运营经验,全面推广其他县域,建设全国250个县、14 000个村点,运营全国性示范点建立,开展代购代销,打造农产品特色品牌,开展原产地直供等活动,促进品牌线上活跃。全国收入过万的合伙人高达数十个,5 000元以上的合伙人比例接近10%,全国合伙人收入平均值接近3 000元。在人员配置方面,采用"村淘特种兵('小二')+农村合伙人"的组合形式,一方面精简"小二"的数量,另一方面让社会上的每个人都参与到农村淘宝的建设中来,形成"大众创新、万众创业"的社会新风貌。这期间成长起了第一批淘宝村,如有"中国电子商务第一村"之称的徐州市睢宁县沙集镇东风村,见图3-4、图3-5、图3-6。

图3-4　沙集镇东风村,到处可见和电子商务相关的标语

2016年7月,阿里农村淘宝已升级至"3.0战略",至此阿里已经建立了成熟的农村电商机制并进入推广期,先后推广至29个省份,落地27个省,建立近300个县级服务中心、近15 000个村点。如阿里巴巴在河北邢台南宫市建立的农村淘宝南宫市服务中心,见图3-7。村淘合伙人正式更名为"村小二",意图用新模式使阿里巴巴全生态服务体系下沉到农村,为村民提供覆盖生产生活场景的多项服务产品,把"村小二"从单一的创业者进化为乡村服务者,农村淘宝服务站点则升级为当地的生态服务中心、创业孵化中心、文化公益中心。

到2017年,阿里巴巴在近500个县,建立了28 000多个村点,农村淘宝有近1 000名专属员工、2.8万名"村小二"、5万名工作人员,越来越多的服务站在中国基层扎下根来。

经过几年的运营,农村淘宝已经在政策支持、基础设施建设、人才建设三方面取得了一定成绩。在政策支持(即政府的支持)方面,从省到村,各级政府推出相应的政策来支持;在基础设施建设方面,包括物流和信息渠道的打通,目前阿里菜鸟网络已经构建起农村物流服

图 3-5　东风村内的一家家具工厂正在打包准备发货

图 3-6　"网商一条街"聚满了来发货的农民网商

务平台,通过整合县内的货运及落地配套资源,打通县到村的二段物流;在人才建设方面,一方面是农村淘宝合伙人,另一方面吸引和培育更多懂互联网和电商等新经济的人才。

改变中国农村尤其是中西部农村落后的面貌,是一个庞大的系统工程,农村电商的出现才让这种改变的可能变得触手可及,发展农村电商的意义不仅仅是为了卖农产品,而是为了帮助更多有需求的农民脱贫。农村淘宝对农村的改变显然可见,农民的生产生活以及创业就业都发生了很大的变化,也成了政府扶持农村发展的一种创新方式和有效途径。

图3-7 农村淘宝南宫市服务中心

2. 农村淘宝的4个阶段

(1)"互联网+基础设施"

随着"两通道、一闭环"(所谓"两通道",第一个通道是物流通道,第二个通道是信息通道,"一闭环"是安全的交易闭环)的建立,物流、信息流、交易流"三流"的统一,农村具备了实施电子商务的基本要素。

(2)"互联网+农产品"

上行、代销、下行或代购并不是农村淘宝的终极目标,但农村淘宝要优先发展下行。下行通,则物流通;物流通,则上行通。目前下行商品的单票物流成本已经压缩到3.4元,在物流生态中,上行成本是下行的一半,这就意味着一件农产品上行的成本只需1.7元,下行单量的增加带来了物流成本的降低,物流成本的降低带动更多农产品的上行,这是一个良性的农村电子商务链路。

农村淘宝团队依托农村淘宝、特色中国、1688等常态化上行平台,开展上行工作。

特色中国是最早跟从农村淘宝项目下沉到每个县的项目,每落地一个县就推动建设一个县级馆,每个馆推动10个特色农产品品类所代表的企业、10个特色手工业品品类所代表的企业、10个县内旅游产品所代表的企业进入县级馆里,阿里将其称之为"一县一馆""千县千馆""千馆万品"。但随着第30、第40个县级馆的建立,越来越少的消费者会通过一个海量的县级馆区选购所需商品。因此农村淘宝不再追求规模数量,而是优选定向,当一个县的下行达到一定量级并且有特色农产品的时候,才会开通县级馆,以控制县级馆的数量来优化县级馆的质量。

农村淘宝开设了"地方推荐"项目,即在每个县级服务中心开业的时候,同步举办该县的线下招商工作,以政府推荐、政府背书为依托,以农村淘宝、淘宝、天猫等平台为渠道,推荐当地最优质的企业、明星商品上行到阿里各个平台并开展电子商务活动。

同时,当一个地方的农产品达到一定规模的时候,就推动1688平台,来实现集采集批。

除了以上几个平台之外,阿里也开展游骑兵式的市场活动,例如,将黑龙江肇源大米、山东栖霞苹果、浙江临安土鸡蛋、广东化州橘红、江西玉山红糖、湖南湘莲、吉林通榆葵花籽、江苏沛县牛蒡、安徽霍山石斛共9个县域的优质农产品,放在聚划算平台与消费者见面。消费者可以通过聚划算平台对农村土地直接"下单",获得来自全国各地的优质原生态农产品。数据显示,仅仅37小时内孟州的全部5万份玉米售罄,孟州市委书记李英杰表示:"37小时内卖掉了往年一整年的销售量,而且当玉米还在田间地头时就已经被预订一空。"

(3)"互联网+农人"

阿里在探索着、尝试着、开展着农产品上行的动作,但上行不是一家企业、一个政府能解决的问题。农村淘宝是自上而下的PPP项目,就是要通过自上而下的农村淘宝拉动从下而上的淘宝村、淘宝镇、淘宝街,而人才是淘宝村最需要的,人才也是农村最缺乏的。

未来农村新经济的发展,要实现弯道超车、弯道取直,就要留住人才、吸引创业。河南省滑县因为"农村淘宝"项目的落地,在短短一个星期之内,当地的政府通过本地电视、网络、报纸、车体广告、海报的宣传,同时在上海、深圳、广州等大城市进行推广宣传,来"寻找农村合伙人"。一周之内,5 749人回归当地,其中80%以上是大学生。此外,"村淘2.0"启动后短短5个月的时间,平均每个县报名的合伙人达到了937名。所以,农村淘宝项目背后最大的价值是推动了一个庞大的群体共同来做农村电商,未来他们是真正带动农村经济发展的力量。

农村淘宝正在推动一个"千县万村百万英才"的人才成长项目,计划在3年内选拔10万农村淘宝合伙人、培养10万农村电商带头人、带动100万农村电商从业人,通过针对合伙人、带头人、从业人(服务商从业人、物流服务商从业人、供应商从业人)的培训,带动更多的孵化中心、淘宝村、创富协会衍生出来,培养真正属于县域、农村的电商基因。

(4)"互联网+农村生活"

农村淘宝的终极目标就是要实现"智慧农村",每个村级站点升级为生态服务中心、民生服务中心,这个站点不仅仅要解决未来老百姓买卖的问题,更是要解决掉老百姓生活的问题、工作的问题。

阿里现在每个季度会把17个事业部,如阿里旅行、阿里健康、阿里通信、特色中国、1688、蚂蚁金服等,只要能够为农民提供服务的,都通过农村淘宝这个大平台落地。在未来,一个老太太到上海来看病,凭一张身份证就能将所有的事情都做完,因为站点可以帮她完成医院的挂号,可以帮她完成医院附近的住宿,可以帮她完成乡下到城市里的火车票,城市到上海的飞机票,所有都在这个站点完成,她凭一张身份证能完成她今天所梦想的整个过程。

同时很多县已经开始落地阿里金融项目,实现3分钟就可以给老百姓贷款,扫扫身份证,填一张非常简单的表,3分钟之内就能完成整个贷款过程,24小时内贷款到账。这个项目在试点过程中特别受欢迎,最初试点5个村点,一个星期内发放近40笔的小额贷款,非常便利。

3. 建立健全4个体系

(1)健全农村电子商务的生态体系

网商的规模化发展显著带动了快递、仓储、运营服务、营销推广等本地电子商务服务业的快速发展。从长远来看,本地化的电子商务服务体系,对于促进县域电子商务高效运行、持续创造就业机会等具有战略价值。并且当电子商务服务业发展到一定规模时,电子商务服务商与网商之间相互协同、相互促进,将成为推动电子商务创新的新动力。阿里巴巴作为一个农村电子商务倡导者,积极配合政府的号召来做电子商务,同时通过营造、推动和发展整个新的农村商务生态体系,让农村电子商务的发展更具活力。不仅需要发展更多的消费者、更多的商家,同时也需要围绕着电子商务这个新型产业链,提供更多的创业机会。通过服务的整合、物流的整合等,推动整个产业链的发展,最终构建成一个崭新的农村电子商务的生态体系。

阿里巴巴通过建立县村两级的运营体系,一方面,帮助农村居民了解网上购物,培养他们网上购物的消费习惯,使网购成为农村居民的生活常态;另一方面,鼓励农村居民参与到电子商务活动的交易中来,帮助农产品的线上销售。另外,无论作为消费者还是作为生产方,同样需要大量的金融服务。农业生产资料供给、分销,最终农业生产者的消费,这其中有大量的 B2B 的优化机会。因此,为广大农村网民提供安全、快捷的金融服务体系,也是农村电商战略顺利实施的重要保证。

(2) 提升农村物流配送体系

要加速农业电子商务的发展,就必须加快农产品流通体制的改革,优化构建农产品物流体系,特别是要争取突破农产品冷链物流体系的发展瓶颈。阿里巴巴不仅要投入资金打造县乡两级运营体系,而且要投入资金提升和完善城乡物流配送体系,确保农村电商战略的顺利实施。首先,以政府为主导,与大型物流企业合作打造具有一定规模的农产品物流中心,并选取龙头物流企业作为重点合作对象,从先进物流设备、技术更新到人才培养进行全方位的深入合作,从而带动整个农产品物流配送水平的提升。

2013 年 5 月 28 日,阿里巴巴集团、银泰集团联合复星集团、富春集团、顺丰集团、"三通一达"(申通、圆通、中通、韵达),以及相关金融机构共同宣布,"中国智能物流骨干网"(CSN)项目正式启动,合作各方共同组建了"菜鸟网络科技有限公司",其目标是通过 5~8 年的努力打造一个开放的社会化物流大平台,在全国任意一个地区做到 24 小时送达。菜鸟网络专注打造的中国智能物流骨干网将通过自建、共建、合作、改造等多种模式,在全中国范围内形成一套开放的社会化仓储设施网络。同时利用先进的互联网技术,建立开放、透明、共享的数据应用平台,为电子商务企业、物流公司、仓储企业、第三方物流服务商、供应链服务商等各类企业提供优质服务,支持物流行业向高附加值领域发展和升级。最终促使建立社会化资源高效协同机制,提升中国社会化物流服务品质。

首先,菜鸟通过打造智能物流骨干网,对生产流通的数据进行整合运作,实现信息的高速流转,而生产资料、货物则尽量减少流动,以提升效率。这种运作模式将颠覆传统物流模式,大大提高物流配送的效率,降低物流配送的成本,提高企业的利润。其次,为了解决"最后一公里"问题应使配送网点下沉探入村镇,形成层级式物流配送网点体系,以确保各行政村都在物流配送体系覆盖范围之内,方便农村农产品的调度配送。目前阿里巴巴和中国邮政集团公司签署了战略合作框架协议,希望借助邮政覆盖全国的物流配送网络,进一步拓展市场,而邮政需要利用阿里的电商市场来弥补普遍服务带来的损失。最后,生鲜产品冷链物流具有广阔的发展前景,需要长远性的发展规划,加大科技开发力度,推进冷链物流技术与设备的完善和提高,加强冷链信息化建设,加强冷链的全程监控,力促冷链物流行业快速稳定发展。

(3) 打造电商农产品标准化体系

随着我国居民生活水平的不断提升,绿色消费需求的不断增加,再加上频发的食品安全问题,人们的食品安全意识进一步增强,人们追求绿色食品的消费,这成为一种时尚。阿里巴巴的农村商务战略一是推动村民代购服务的普及,二是帮助农产品的线上销售。而标准化产品是电子商务发展的基础,完善农产品质量标准化体系建设是电子商务在农业领域快速发展的重要手段。而我国现行的农产品分类标准体系中涉及的农产品种类太少,无法满足农业电子商务大发展的需要。因此,阿里巴巴加快完善这一方面的工作,一方面完善农产品的质量分级体系,根据农产品的质量将不同质量的农产品进行分级归类,并最终形成农产品的质量分级体系;另一方面完善无公害农产品、绿色食品、有机农产品和农产品地理标志"三品一标"质量认证体系。"三品一标"是以政府为主体构建的认证体系,在消费者当中具有较高的知名度,在农业消费市场占据着主导地位。同时,要建立市场准入制度,加快推进全国农产品质量追溯管理信息平台建设,健全农产品质量安全监管体系,加快推进农业标准化生产,确保电商农产品的安全,保证消费者权益。

(4) 培育农村电商人才体系

农业电子商务的发展离不开人才的推动,不仅需要精通计算机技术和网络应用的专业电子商务人才,而且需要掌握一定的农业知识、了解农产品市场消费者需求和能够分析农业市场行情的相关人才,还需要能使用网络营销理念、对网站进行推广宣传的人才。因此,阿里巴巴首先对正在进行农业生产的农民进行计算机信息技术和电子商务技能培训,包括如何使用和检索网络信息以及网上交易的方法和技术;其次,有针对性地对农业龙头企业、农村专业合作社以及乡村干部等广泛开展网络技术培训,增强他们对电子商务的认识,促进基层干部以及经营机构转变农业经营意识,营造发展电子商务的良好氛围;最后还要采取多种措施吸引来自农村的大学毕业生回乡就业,参与到农村电子商务的发展当中。他们具有较高的学历、较强的计算机操作能力以及网购意识,熟悉电子商务活动的流程,了解农村情况,更能有效地促进农村电子商务的发展;同时也可减轻大学生的就业压力,为大学生提供更广阔的发展前景。

3.3.2 京东的农村电商战略

1. "3F"农村电商战略概况

在2013年,京东就开始了农村电商市场的尝试。经过三年的探索和实践,京东在2016年形成了自己的农村电商战略——"3F"战略(Factory to Country,工业品进农村战略;Finance to Country,农村金融战略;Farm to Table,生鲜电商战略)。

工业品进农村战略是指京东将通过提升面向农村的物流体系,让农民购买到化肥、农药等农资商品及手机、家电、日用百货等工业商品;农村金融战略则是指通过京东白条、小额信贷等创新金融产品,帮助农民解决借钱难、贷款难、成本高等难题;生鲜电商战略是指京东将通过大数据等技术,将农民的农产品种植与城市消费者的农产品需求进行高效对接,将农产品从田间地头直接送到城市的餐桌。

京东的"3F"农村电商战略中,构建一张覆盖农村的网络尤为重要,它既是农资和工业品进村的物流配送网络和营销推广网络,也是农村金融战略中重要的征信数据采集网络和推广网络,又是生鲜电商战略中的生鲜农产品信息采集网络和采购网络。这张网络由京东自营县级服务中心、合作乡村合作点和乡村推广员及整合社会资源的京东帮服务店等组成,其中京东帮服务店针对大件商品,提供营销、配送、安装、维修、保养等服务。因此,京东农村电商战略最核心的就是县级服务中心和京东帮服务店。

2."3F"农村电商战略详解

(1)县级服务中心

县级服务中心采用公司自营的模式,房源租赁、房屋装修、家具采买、办公设备和中心人员都由公司负责,服务中心的负责人为乡村主管。乡村主管可以根据业务量自行分工,乡村主管对其负责区县的业绩负责。若想成为一名乡村主管,需有乡村生活经历或者非常熟悉乡村生活,且具备一定市场营销能力,还得有与客户面对面沟通的经验。

服务中心主要承担了代客下单、招募乡村推广员、培训乡村推广员和营销推广等功能。乡村推广员如同京东无数的"神经元",活跃在全国各个村落,这些"神经元"由县级服务中心统一管理、统一培训、统一考核。

截至2016年第一季度,已在全国1 100个县设立县级服务中心,招募15万个乡村推广员或乡村合作点,服务15万个行政村;在全国1 300个县布局京东帮服务店,家电等大件产品的配送、安装、维修覆盖37万个行政村;农产品进城方面,一县一馆(店)已达到600多家;有200多家涉农企业加盟京东农资,为农民提供正品低价的农资产品;在金融方面,乡村白条授信人数超过4万多人。

作为京东电商下乡的统管中心,县级服务中心是实现"京东梦想"的落脚点,为广大推广员提供服务、宣传、物料支持,而这些中心则全部是京东直营店形式。

(2)京东帮服务店

京东帮提供大家电服务需求,在京东下乡上,除了县级服务中心,力撑电商下乡的就是"京东帮"模式,与县级农村服务中心的自营方式不同的是,加盟京东帮服务店这种方式解决了电商下乡"最后一公里"问题。

京东集团华东首家大家电"京东帮服务店"在沭阳县正式开业,业务范围覆盖沭阳县辖下6个街道、25个镇、8个乡,覆盖面积近2 300平方公里。京东帮服务店同样面向4~6级市场(一、二线主要城市以外的三、四、五、六线城市乡镇),但只经营大家电业务,此业务不在京东县级服务中心的经营范围内。

它针对大家电产品在物流、安装和维修上的独特需求,依托厂家授权的安装网络及社会化维修站资源的本地化优势,通过口碑传播、品牌宣传、会员发展、乡村推广、代客下单等形式,为农村消费者提供配送、安装、维修、保养、置换等全套家电一站式服务解决方案。京东帮服务店与京东之间属于合作关系,但其承载的则是京东的自营家电业务。

具体来看,京东县级服务中心是京东针对县以下的4~6级市场打造的市场营销、物流配送、客户体验和产品展示四位一体的京东服务旗舰店,为客户提供代下单、配送、展示等服务。一个县级服务中心将管理该区域所有乡镇的合作点,通过招募乡村推广员、扩建京东物流渠道等,使京东自营配送覆盖至更广阔的农村区域。

由于农村消费者居住比较分散,订单密度比较小,很多物流公司都无法触及,农村消费者很难享受到与城市消费者同样便捷的送货上门和售后服务。同时许多农村消费者对网购不熟悉,对商品和售后服务政策不了解,对网购仍有疑虑,这些都是电商企业下乡面临的难题,也正是京东县级服务中心和京东帮服务店击中的农村电商服务的痛点。

3. 京东农村电商战略实施情况

随着京东农村电商战略在贫困地区的实施推进,贫困县农特产商品在京东平台销售规模增长迅猛。从 2016 年上半年开始京东在全国多省区推动特产馆的快速建设,自 2016 年第四季度开始,京东平台贫困县农特产商品销售额大幅提升。2017 年第一季度与 2016 年第一季度相比同比增长 158%;2017 年第二季度与 2016 年第二季度相比同比增长 184%,如图 3-8 所示。截至 2017 年 6 月底,京东平台上共开设 109 个贫困地区特产馆,成为贫困县农产品上行的重要通道。

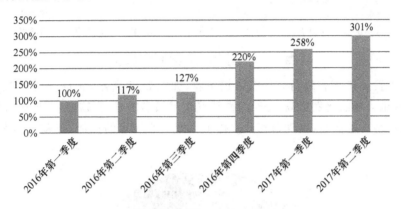

图 3-8 京东平台贫困地区农特产商品销售额涨幅

农特产商品销售金额占比如图 3-9 所示。

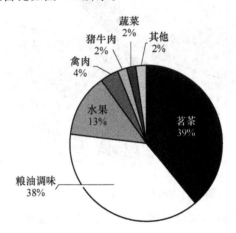

图 3-9 农特产商品销售金额占比

从农特产商品地域销售数据来看,订单量占比较高的产品品类集中在米面杂粮、肉干肉脯、水果、休闲零食等食品类商品,农特产商品消费地域集中在北京、上海、广州等一线城市和成都、天津等二线城市,如图 3-10 所示。其中,北京是主要消费城市,农特产品的品类最为多样,规模最大。农特产商品的销售半径超过 500 公里,突破了传统线下零售模式 200 公里的销售半径。

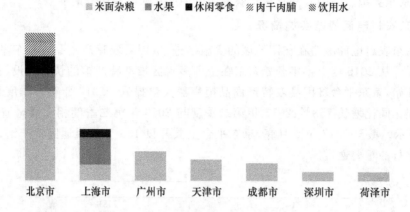

图 3-10 农特产商品主要销售区域图

从农特产商品销售省级行政区域数据来看,如图 3-11 所示,北京、重庆、广东、安徽、上海、湖北所占销售额的比例最高,是对消费扶贫贡献最多的省、直辖市,也是贫困县农特产商品的主要销售地。这些省、直辖市充分发挥了区域中心城市的优势,覆盖范围大,覆盖消费人群广。

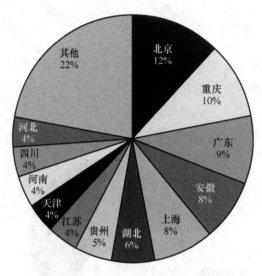

图 3-11 消费扶贫贡献省、直辖市占比

凭借米面杂粮与水果特产,部分贫困县已逐渐积累出品牌效应。以黑龙江省绥化市兰西县为例,该县米面杂粮的上行销售积累了一定人气,有效地释放了贫困地区的特产优势,受到了一、二线城市消费者的关注,产品远销至广州、深圳等地,如图 3-12 所示。

2016 年贫困县农特产商品用户数较 2015 年增长了 6.2 倍,主力消费地域为一、二线城市。东北、西北、西南地域的用户数增长最快,如图 3-13(a)所示。如图 3-13(b)所示,与 2015 年相比,2016 年六线地区用户数增长最快,说明农特产商品在主要销往一、二线大城市以外,开始逐渐向 3~6 线城市和农村本地扩散,销售地域在扩大。

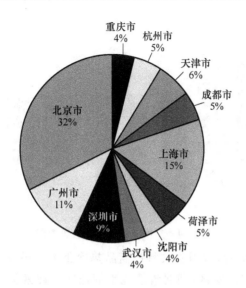

图 3-12　兰西县米面杂粮销售地域占比

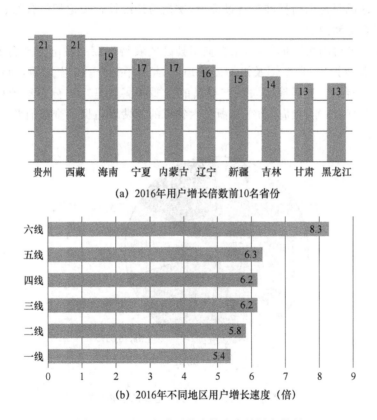

图 3-13　2016 年贫困县农特产商品用户情况

从贫困县农特产商品热搜榜单可以看出,肉、蛋等成为热搜,零食、炒货、文玩工艺品等搜索指数也较高,如图 3-14 所示。

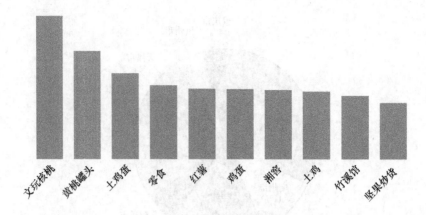

图 3-14 贫困县农特产商品热搜榜

从搜索次数排行榜来看,贫困县农特产商品热搜集中于黑龙江省兰西县、江西省南康区、甘肃省麦积区、安徽省裕安区、湖北省恩施市等地区。搜索关键词包括大闸蟹、绿茶茶叶、黑土小镇、杂粮、阜字号海参、六安瓜片、苹果等,其中大闸蟹、绿茶、普洱茶是最具中国特色的农产品。这说明在电商精准扶贫过程中,挖掘与传统饮食文化相结合的农特产商品,有助于吸引消费者主动搜索。

从京东电商平台的大数据来看,来自贫困县区的农特产商品在电商平台上的主要消费人群基本可以概括为:来自东部及沿海发达地区,年龄在 26～45 岁之间,为白领或一般职员,男性。电商平台上,贫困地区农特产商品的主要购买者呈现出分布地域相对集中的态势,来自广东、北京、江苏、上海、山东和浙江六省市的消费者占据了全部消费者的一半以上,如图 3-15 所示。

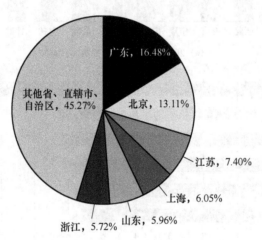

图 3-15 支持贫困县农村电商的消费分布

3.3.3 中国邮政的农村电商战略

1. 指导思想

全面贯彻落实中央经济工作会议、中央农村工作会议精神,结合近期国家出台的针对农村电子商务发展的一系列相关政策,按照集团公司"一体两翼"的总体战略思路,以信息化促进农业发展为方向,以邮掌柜系统推广为基础,整合邮政内外资源,强化邮政农村渠道优势,提高邮政农村物流配送和金融服务能力,打造邮政农村电子商务服务生态圈,使中国邮政成为县及县以下农村电子商务服务的主要渠道,把中国邮政打造成为"线上线下一体"、具有明显互联网特征的大型现代服务型企业。

2. 基本原则

(1) 邮政主导与社会合作相结合

邮政农村电子商务着力打造一个"线上线下一体"的开放电子商务平台,通过整合内外资源,为农村居民提供一个多元化的在线交易与服务平台,挖掘农村消费市场潜力,疏通农村商品流通体系,实现"工业品下乡,农产品进城"。在邮政主导搭建平台的同时,加强与政府部门、企事业单位、科研机构,特别是阿里、京东、苏宁等知名电商公司的合作,进一步丰富交易与服务的种类,实现合作共赢。

(2) 业务发展与突出特色相结合

与社会电商公司相比,邮政农村电商应突出发展特色。一是邮政特色,依托"三流合一"资源,基于邮乐网、邮掌柜系统,提供农村电子商务综合解决方案。二是便捷特色,突出"工业品下乡,农产品进城"和综合公共服务送到村的便利性特征。三是生态特色,坚持通过资源整合与各方合作,实现互利共赢,共同完善农村电子商务商业生态链。

(3) 统一平台与统一品牌相结合

中国邮政发展农村电子商务必须遵循电子商务行业的发展规律,即只有资源高度集聚化才有可能成功。必须坚持"一个平台、一个品牌"的原则。邮乐网是中国邮政唯一的线上购物平台,邮乐农品网是邮乐网针对"农产品进城"而打造的线上农产品交易平台。邮掌柜是邮政拓展农村电子商务的统一品牌,对各省邮政公司的区域性购物平台、农村电子商务品牌都要进行整合、统一。

(4) 统筹规划与分头实施相结合

集团公司负责对邮政农村电子商务发展工作进行战略规划和决策,并提供必要的政策扶持和资源支撑。各省邮政公司根据集团公司的战略规划,负责本省农村电子商务的发展规划、政策制定与工作部署。各地市邮政分公司、县邮政分公司负责区域内农村电子商务工作的具体落地与推进,同时获得发展农村电子商务的相关收益。邮乐公司为邮政农村电子商务发展提供平台支撑(包括邮乐网、邮乐农品网、邮掌柜系统等)与技术维护工作,并提供必要的资金投入。

3. 生态系统

中国邮政农村电子商务致力于为农业、农村、农民提供全方位的电子商务服务,为农村小商超店主、涉农企业、当地邮政打造一个集"统一电商平台、统一渠道建设、统一大数据分析、统一物流支撑、统一业务模式"的共赢生态系统。

(1) 电商平台

为拓展农村电子商务市场,经过几年的探索与实践,中国邮政已基于邮乐网开发了一套较为成熟的邮掌柜系统。目前,该系统已经具备商品代购、进货批发、进销存、便民服务、会员管理五大基本功能,并支持惠民优选项目,实现分销非农资商品的线上运营。下一步,系统还将围绕金融和寄递类业务进行升级,不断整合、叠加代收费、分销、便民汇款、代收代投、代理保险等业务。实现一个平台就能办理多项邮政业务,不仅平台操作更加简单方便,各种业务间也更易形成协同发展效应,这有利于社会宣传和落地推广。

(2) 渠道建设

邮政重视线下渠道建设,全国搭建了包括25万个便民服务站、11万个"三农"服务站、9万个村邮站在内的庞大线下渠道,并将把渠道管理职能归口至一个部门管理,避免多头管理带来的渠道冲突等问题。同时充分利用乡镇商贸中心、乡镇农家店、村民活动中心、农村青年创业基地等资源,叠加邮掌柜系统,进一步拓展邮政线下渠道覆盖范围。

(3) 大数据分析

以邮掌柜系统的交易数据为基础,整合多方数据,构建工业品供应商、商品物流配送中心、便民服务站(小商超)、乡镇商贸中心、农家店联网互通的大数据中心。同时充分利用农村当地传播快、覆盖广的特点,实现网上购销对接、信息服务、在线支付、统计分析、预警预测等功能,提升农村商务信息服务效果和市场调控效能。

(4) 物流支撑

要增强农村邮件运输配送能力,强化省际网、省内网和地市网的统一规划、升级改造和同步建设,加大对地市、县乡运营网络的投入力度,增开、加密农村邮路,构建"全国-地市-县乡"三级供应链式的运输网络布局,确保农村邮件在全网各层级无缝对接、全程各环节快速衔转。充分发挥网运转型升级后形成的内生资源优势,拓展邮件处理中心的仓储功能,大力推进出口集中仓储、批量处理,进口分仓运作、落地配送的仓储配送一体化模式,增强自主运营能力,加快传递时限,提升客户体验。形成以农村邮政支局所为中心,以村邮站、"三农"服务站、便民服务站、农村小超市为节点,通过汽车等投递交通工具实现有效衔接,打造新型农村电商寄递网络,提升核心竞争力。

还要提高农村邮政局所信息化水平,为投递员配备 PDA(掌上电脑)等信息化终端设备,实现及时接收、反馈快递包裹、速递邮件等电商寄递物品信息,提升客户体验。

(5) 业务模式

邮政农村电子商务的业务模式可以用图3-16来概括,也就是"五个不出村"。

图 3-16　中国邮政农村电子商务的业务模式

① 购物不出村,即"工业品下乡"。"工业品下乡"分3种模式。一是耐用品代购,充分调动线上线下资源,因地制宜地引入具有区域性特点的优质产品,并通过开放平台,积极与社会电商公司合作,引入适合农村地区销售、有价格竞争力的商品,同时拓展农村电商市场,促进农村商品流通。二是日用品批发,基于对邮掌柜系统的进销存数据的分析,通过当地邮

政与商品上游供应商议价,在降低店主进货成本的同时,向供应商收取信息服务费(通过数据分析,汇总区域内的商品需求,增强与供应商的议价能力,既能帮助店主降低进货成本,邮政企业又能向供应商收取一定的信息服务费)。三是农资分销,依托农民合作社直销和加盟批销模式,积极试点农资O2O,推动农资分销量质并重发展。基于以上3种模式,打造一个方便、可靠的"工业品下乡"渠道。

② 销售不出村,即"农产品进城"。依托邮乐农品网,打造一个农产品、手工艺品、乡村旅游等农村特色商品的交易平台。各地组织区域内特色农产品登录邮乐农品网站,打造"一县一品"(每个县至少组织一款适合线上销售的特色农产品)线上专区,让当地特色农产品通过邮乐农品网实现全国销售。另外,加快与农业部中绿生活网站的深度合作,利用邮乐农品网和中绿生活网的有机结合、深度互通,加快农产品上网的步伐,帮助有机、绿色农产品更好地走进城市居民餐桌。

③ 便民服务不出村。依托现有平台,使农村居民"足不出村"就可缴纳电费、话费和有线电视费等公共事业费,并购买到飞机票、火车票、汽车票。

④ 金融服务不出村。一方面,为广大农村居民办理刷卡消费(缴费)、助农取款、信用卡还款、跨行转账、邮政汇款等业务;另一方面,向邮掌柜店主提供小额贷款、商品批销支付结算、保险理财等服务。

⑤ 创业不出村,即农民创业不出村。结合自身资源,加强对农村居民的电子商务培训,提升其电子商务知识水平。鼓励农村当地居民、返乡农民、农村留守妇女等依托邮掌柜系统,开展互联网创业,在一定程度上解决"农村空心化""农村留守妇女儿童"等问题。

(6) 共赢生态

中国邮政农村电子商务要坚持多方受益、互利共赢的原则,使店主、各级邮政企业、邮乐网等都获得收益。

① 邮政企业营利模式

发展初期,邮政企业主要有三方面的收益,一是"工业品下乡"的耐用品代购佣金和日用品批发信息服务费。根据实际运营效果,还可向上游供应商收取运营管理费用或进行一些广告招商。二是"农产品进城"代运营服务所带来的寄递服务、仓储服务和金融服务收入。三是拓展综合服务(生活缴费、农村金融、包裹代收代投)所带来的业务收入。特别是代收公共事业费带来的资金沉淀,能有效提高活期余额占比,同时代收公共事业费一旦形成规模,还可争取政府向社会购买公共服务的专项资金支持。

中后期,邮掌柜推广数量不断增多,这能有效促进邮政金融业务的发展。一方面,基于农村商品流通的资金结算将成为邮政农村金融业务的重要增长点,这包括资金沉淀收益、结算手续费收益等;另一方面,在邮掌柜系统上叠加的助农存取款、信用卡还款、网上支付、刷卡缴费、代理车险等形成金融服务收入。同时邮掌柜店主还将成为邮政储蓄的优质客户经理。

发展农村电商除了给邮政企业带来利润外,更重要的是还促进了邮政发展方式的转型,以前推广业务靠员工,以后做业务要靠渠道和平台。在邮掌柜系统上推广分销名优工业品、绿色农产品、代理车险等业务,不仅节约了宣传成本,还能与市场接轨。用信息化的手段宣传,用加盟商的积极性发展业务。

在邮政提供丰富的农村电子商务服务的同时,农民作为"工业品下乡"的消费者与"农产品进城"的生产者,网上购物更便利,服务缴费更快捷,生活支出更实惠,组织生产更有劲。

② 店主(掌柜)营利模式

店主(掌柜)营利来源于"工业品下乡"的代购佣金和"农产品进城"的网销差价,此外还有综合服务(生活缴费、农村金融、包裹代收代投等)的代理手续费收入。

此外,随着邮掌柜系统功能的不断完善、服务种类的不断丰富,店主可向农村居民提供更多、更好的服务,提升其店铺区域内的竞争力,为其带来更多人气、口碑与业务。

③ 邮乐公司营利模式

邮乐是一家中国邮政控股的混合所有制互联网公司。一方面,互联网平台的价值在于交易规模和交易数据。通过邮掌柜系统拓展农村电子商务,有利于做大邮乐网交易规模,提升平台价值。另一方面,随着供应商、邮掌柜店主对邮掌柜系统的依赖性逐步增大,邮乐网可以参照天猫模式,收取一定比例的技术服务费来实现营利。

4. 发展目标

(1) 打造品牌

邮政服务网络覆盖全国,发展农村电商目前还占有优势。邮政计划用2～3年时间,线上基于邮乐网,线下依托邮政窗口资源、其他实体渠道和邮掌柜系统,打造一个集"商品销售＋网购代理＋公共服务＋普惠金融"为一体的邮政农村电子商务渠道,努力使邮乐网成为中国电子商务的知名品牌,使邮掌柜成为中国农村电子商务的第一品牌。

(2) 做大规模

邮政发展农村电子商务,一定要充分发挥邮政在县以下地区的渠道、寄递网络覆盖广的优势,抢抓先机,迅速做大。

5. 战略实施

(1) 集团公司

统一部署。成立集团层面的农村电商发展领导小组,对邮政农村电商发展工作进行战略规划、科学决策,并提供必要的政策扶持和资源支撑;成立工作组,负责协调督导各省发展农村电子商务,确保各板块、专业部门之间分工明确、紧密配合。

加强整合。邮乐是中国邮政对外唯一的网络购物品牌,邮乐网是中国邮政唯一的对外合作线上平台,邮掌柜是中国邮政拓展农村电商的唯一对外宣传品牌。以邮乐网、邮掌柜为基础,对部分省自建的网购电商平台完成整合,对各省不同名称、不同特色的农村电商服务品牌完成整合,同时加强网络资源整合利用。根据农村电子商务的发展进行布局,在全国主要业务节点,整合生产场地和运输资源,推行"仓储＋配送"一体化运作,提升服务附加值。

(2) 省公司

强化执行。省公司要成立与集团公司部署相对应的农村电商发展工作组,各专业紧密合作、协调一致,形成合力。同时,部分省内已有的网购电商平台和农村电子商务品牌,要服从集团公司的整体规划,配合做好被整合工作。

深化沟通。要加强与当地政府,特别是商务厅、财政厅、农业厅等农村电子商务主管部门的沟通,争取政策支持,为邮政农村电子商务谋得良好外部环境。

细化部署。要大力推广基于邮掌柜的耐用品代购;要对邮掌柜进销存数据进行分析,与省级生产厂商、供应商进行谈判,争取日用品批销的价格优势;要对接省级农产品龙头企业、知名农产品合作社,选取优质农产品登录邮乐农品网站;要丰富邮掌柜服务范围,增加代收费、分销、便民汇款、代收代投、代理保险等业务,实现一个平台办理多项业务,增加店主对邮掌柜系统的依赖。

升级网络。推动邮件处理中心的建设和改造,全面实施生产流程再造,从一、二级中心局到地市分公司,建立快进快出流水化作业模式,加快邮件运递时限和提高服务品质,实现由满足普遍服务的传统邮政网向服务电商市场的现代邮政网的转型升级。

规划仓储。一要利用好已有的空余仓储资源,科学规划区域仓储中心建设。在农产品生产、销售的主区域建设农产品区域配送中心,为农民的农产品提供仓储、包装等服务。要做好面向电子商务市场的处理场地和工艺流水化改造项目。二要突破对邮件处理中心的传统定位,由单一的邮件处理功能向仓储、包装、处理、配送等多元化功能转型,在现有处理中心场地开辟仓储场地,在新建处理中心建设规划中考虑仓储配送需求。三要优化区域内的配送路线,完成所需车辆的更新和新增。

引进人才。电子商务行业具有很强的专业性,在加强对邮政员工电商知识和业务培训的同时,建立电商人才引入和激励机制,加大对社会电商人才的引进力度,建立相应薪酬及激励保障机制,提升邮政农村电商队伍运营能力。

(3) 地市邮政分公司

组建专门运营团队。成立地市级农村电商发展工作小组,在不增加人员编制的前提下,整合电商、分销等专业,在市场部内建立由专人组成的农村电商运营团队。运营团队主要负责农村线下渠道的统一管理、优化仓储规划建设等。

做好人员培训。对邮掌柜店主,要定期进行邮掌柜系统和互联网代购、农产品线上销售等方面的操作培训;对县邮政分公司农村电商管理人员,要加强电子商务从业知识、选人选点标准、农产品进城代运营等方面的实操培训。

做好数据分析挖掘。对邮掌柜进销存数据进行分析,根据邮掌柜系统后台数据分析结果,与区域内商品上游供应商、生产厂商议价。西部欠发达地区可将数据挖掘分析工作放到省公司进行。

(4) 县及县以下邮政分公司

县邮政分公司要按照总体部署,迅速组建农村电商专门团队,制订具体实施方案,定期督促检查。同时在支局层面做到:

选好点。要对现有的邮政便民服务站渠道进行筛选,选择交通位置方便的便民站叠加邮掌柜系统。要在当地选择经营规模较大的商超、便利店,推广邮掌柜系统。要将中小规模的村级超市或城市的连锁超市作为推广网点的首选,要求有计算机设备,宽带接入,最好是家庭式的商住一体经营业主,有至少50平方米以上的营业场地,有至少1.5人以上的固定店内工作人员。

选好人。要在当地选择相对年轻、思维相对活跃、熟悉电子商务的店主,作为邮掌柜推广的优先人选。

招好商。在"工业品下乡"方面,要做好当地居民的商品需求收集工作。在"农产品进城"方面,要对接当地农产品龙头企业、知名农产品合作社,组织区域内适合线上销售的特色农产品,确保"一县一品"。

优化农村投递网络。建设以农村邮政支局所为中心,以各类实体渠道为节点,通过汽车等投递交通工具有效衔接的新型农村电商寄递终端投递网络。重点做好"县到村"的商品配送工作。推进农村投递汽车化,加大农村投递汽车投入,增强物品型邮件的投递能力。推动农村投递信息化,加快农村投递人员 PDA 等信息化终端设备的配备,实现及时接收、反馈国内小包、代投速递邮件等电商寄递物品信息。提升末端投递能力,根据当地邮掌柜推广的进度,依托邮掌柜站点,制订邮件代投线路规划,将段道上的各类邮件细分到每个站点,开办电商寄递物品的自取自提服务,并在"三农"服务站、便民服务站等渠道叠加物品代投、自提服务,逐步解决"最后一公里"难题。

思考题

1. 阿里巴巴、京东和苏宁的农村电商模式分别是怎样的?
2. 阿里巴巴与中国邮政农村电商模式有哪些相同点和不同点?

3.4 常见的农村电商模式

这里所说的农村电商模式主要是指"农产品进城"的运作模式。

3.4.1 遂昌模式

遂昌县位于浙江省西南部,隶属丽水市,位于钱塘江、瓯江上游,仙霞岭山脉横贯全境,山地占总面积的 88.83%,全县总面积为 2 539 平方公里,总人口为 23 万人。独特的自然环境造就了遂昌优质的农特产品,从 2005 年开始遂昌就有网商自发做淘宝,主要经营竹炭、烤薯、山茶油、菊米等农特产品。近些年遂昌的电子商务也逐渐发展起了服装、家具等品类,形成了朱阿姨童装等知名网络品牌。

2010 年 3 月,遂昌网店协会成立,遂昌电子商务进入了快速发展期。2012 年 9 月,遂昌县荣获阿里巴巴第九届全球网商大会"最佳网商城镇奖"。2012 年年底,协会共有卖家会员 1 200 多家,全年共完成电子商务交易约 1.5 亿元。至 2013 年 1 月淘宝网遂昌馆上线,其初步形成了以农特产品为特色、多品类协同发展的县域电子商务中的遂昌模式。

所谓的遂昌模式,是以网店协会为中心,在当地政府的引导和支持下,协同服务商、网商,共同实现农业电子商务的可持续性机制,其核心主体是"供应商+网商+服务商+政府",见图 3-17。

遂昌模式是在实践中不断摸索、调整并最终总结而得到的。最初的遂昌模式被称为遂昌 1.0 模式,这种模式下的关键要素是网店协会和遂网公司(以下简称"遂网")。网店协会是非营利组织,承担培训职能,并接受当地政府的指导和支持。遂网公司则承担商业化职能,整合供应商,对接农产品供应链后端。遂昌 1.0 模式见图 3-18。

随着电子商务向 O2O 模式和移动化方向发展,遂昌模式进一步升级,从 1.0 模式进入了 2.0 模式。

遂昌 2.0 模式在两个方面对 1.0 模式进行了改善:一是成立了"赶街公司"(简称"赶街"),设立农村信息服务站,形成了面向小农户的农产品供应机制的雏形,完善了农村电商服务平台;二是销售渠道呈现多平台化、跨平台化、移动化,实现了销售渠道的多样性。"赶街"项目的意义在于:打通信息化在农村的最后一公里,让农村人享受和城市一样的网购便利与品质生活,让城市人吃上农村放心的农产品,实现城乡一体。遂昌2.0模式见图3-19。

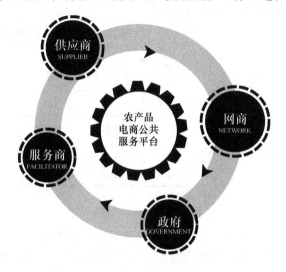

图3-17 遂昌模式示意图

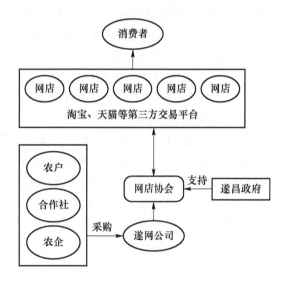

图3-18 遂昌1.0模式

在这一模式中,网店协会居统领地位,承担农产品供应链各个环节的协调运行职能;遂网开拓了农产品销售渠道,解决了供应链后端问题;赶街编织了村级农产品供应网,启示了走出农产品供应链前端困境的方向。

遂昌模式的核心是服务商,就是遂昌网店协会下属的网店服务中心,属半公益性质。其核心业务有三方面:整合可售货源,组织网络分销商群(以当地网商为主),统一仓储及发货服务。

网店服务中心在遂昌农产品电商化的过程中起到非常重要的作用。一是制定并推行了农林产品的产销标准。这使得杂乱无章的"农产品"向"商品"变身有了规范,使"买卖管"三

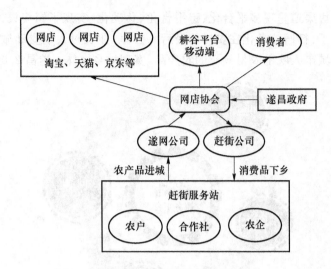

图 3-19 遂昌 2.0 模式

方的沟通有了依据。二是直接或通过农村合作组织间接地推动农户及加工企业按照上述标准去生产和加工,提升了当地网货的质量。三是在县里设立了产品展厅和网络分销平台,统一制作商品的数据包(图片、描述等)用于支撑网上分销商选货和网销,降低了网商的技术门槛。四是统一仓储,按照网络分销商获得的订单统一发货并提供售后服务,使他们实现了零库存经营,降低了网商的资金门槛。五是推动并实现了各环节的社会化大协作,农户、合作社只管做好生产,加工企业只管做好加工,网络分销商只管做好推广销售工作。

2014 年,遂昌县以农林产品为主的电商交易规模已达 5.3 亿元。此外,农产品电子商务还带动了涉农旅游消费,全县 2014 年"农家乐"接待游客达到 262.95 万人次,经营收入 2.66 亿元,两项合计收入超过了 8 亿元,这是发展农村电子商务带来的附加红利。综合来看,遂昌模式以本地化电子商务综合服务商作为驱动,带动县域电子商务的生态发展,促进地方传统产业,尤其是农业及农产品加工业实现电子商务化,"电子商务综合服务商+网商+传统产业"相互作用,在政策环境的催化下,形成信息时代的县域经济发展道路。

遂昌模式在农村电商运作方面给出了很多启示:多产品协同上线,以协会打通产业环节,政府政策扶持到位,借助与阿里巴巴的战略合作,依靠服务商与平台、网商、传统产业、政府的有效互动,构建了新型的电子商务生态,从而助力县域电商发展。

3.4.2 临安模式

临安位于浙江省西北部,是浙江省陆地面积最大的县级市(2017 年 8 月之前),地处太湖和钱塘江两大水系源头,森林覆盖率达 76.55%,是唯一拥有国家级自然保护区和国家森林城市两个殊荣的区域。2017 年 8 月 11 日,经国务院同意,调整杭州市部分行政区划。撤销县级临安市,设立杭州市临安区,以原临安市的行政区域为临安区的行政区域。

临安的特产中,最有名的就是山核桃,临安的山核桃产业有五百多年的历史。目前,临安山核桃的种植面积约 48 万亩(1 亩≈666.67 平方米),年产量约 1 万吨,在全国占比 40%。2014 年,临安全市山核桃网络年销售额达到 18 亿元,占临安农村电商销售额的 80%。由于山核桃产业比较发达,形成临安坚果加工产业带,2014 年,临安坚果加工总量占全国总量的30%。临安坚果加工产业概况如图3-20所示。

图 3-20　临安坚果加工产业概况

临安的电子商务发展共经历了3个阶段，分别是萌芽期、发展期和扩张期，见图3-21。

图 3-21　临安电子商务发展的3个阶段

对于农村电商的发展，在萌芽时期自然条件、基础设施是重点关注的因素。临安原来就拥有了比较好的森林资源、生态环境，有很好的自然条件。临安具有较好的区位优势及基础设施建设，整个区域大多分布在杭瑞高速G56周围，与长江三角洲经济圈的交通半径在2小时以内。

一个区域要开展电子商务，一方面是看产品特性是否符合电子商务销售的特征，这非常重要。临安的山核桃和其他坚果本身易于运输、存储，这种产品特性非常适合互联网销售。还有很重要的一点是产品本身有一定的价格空间，有一定价格空间的山核桃为整个临安电子商务的发展打下了很好的基础。在发展时期，经营主体与产业基础是重中之重。对于互联网来说，每一个环节的主体都可以直接面对消费者。所以，电子商务的经营主体既有个体网商，也有传统企业、农民合作社、农户等。

另一方面是产业基础，有些区域的电子商务模式，产业是没有任何基础的，是因为电子商务需求的发展才慢慢形成了一个产业范围。但是从长远发展的角度来说，区域如果有一定的产业基础，必然在发展过程中能让它的发展更加扎实、速度更快。临安就有非常好的坚果加工的产业基础，而且在全国也形成了一定的影响力，电子商务上的需求也促进了整个产业的发展和产业效应的集群。

在扩张期，政策环境是电商发展的关键要素。从政策环境来说，临安政府搭建好电子商务平台，临安山核桃产业、电商协会形成整体良好的氛围，使农村电子商务进入快速的扩张期。

临安农村电商发展的关键要素如图3-22所示。

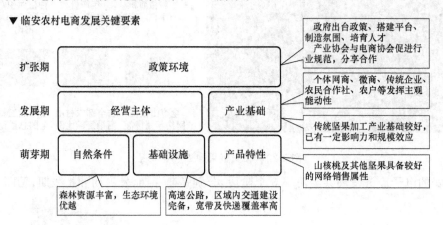

图3-22 临安农村电商发展的关键要素

临安农村电商的发展特点可以概括为"一品一带一生态"。

一品：以地标产品/特色农产品（山核桃）为切入，借助互联网平台，快速提升销量和品牌认知。

一带：随着消费者需求量的提升，形成种植、生产、加工、流通、运营、营销为一体的坚果炒货特色产业带。

一生态：政府、服务商、协会、经营主体4种角色上下联动，构建县级、镇级、村级的电商服务体系，形成完整的县域电商生态圈。

从2012年农产品网销额6亿元，到2013年10亿元，再到2014年18亿元，农产品网销额实现了300%的增长。阿里研究院发布的《阿里农产品电子商务白皮书（2014）》上，阿里零售平台上农产品成交的县域排名里面，临安位列第二名，临安县域一共有2 000多家网店，带动了近万人的就业。

临安农村电商发展已完成了线上的布局和线下的布局。所谓线上的布局，是指"一带一馆一微"，临安在阿里平台上创建了临安产业带，除了以坚果炒货加工为核心的产业带，也带动了工业产业带的建立，如电线电缆、绿色照明等。同时，临安创建了特色中国临安馆，把临安所有区域中有特色的产品聚集起来。目前，移动互联网是所有电商争夺的平台之一，临安也建立了自己的微临安平台，注重本地的一些生活服务，包括人员招聘等。

线下布局主要分成3个部分，一是临安电子商务园区，二是龙岗的坚果炒货食品城，三是临安有许多电子商务专业村，如白牛村。

临安农村电子商务发展的可借鉴之处可以概括为"聚焦一品、打造一带"。

"聚焦一品"就是挖掘区域公用品牌的深层价值。"一品"主要从3个层面来看：产品、品牌、品类。2009年，临安山核桃协会申请了地理标志认证商标，与政府一起进行了大规模的品牌打造行动，如线上的传播与线下的展销会、山核桃节庆活动等，之后就有了临安山核桃区域公用品牌。临安山核桃这个品类带动了周边其他坚果产业。

"打造一带"就是提升区域经济的集群效应。在"打造一带"的过程中,临安有负责行业规范管理跟品牌传播的农产品产业协会,有能够在电子商务运营上提升网商运营能力的电子商务协会,有线下的产业园区和电子商务园区的建设,有线上的多平台的电子商务体系的搭建等。

3.4.3 产业集群模式

2014年,淘宝村在浙江、广东、江苏、福建、河北等多地呈现出集群化发展的新特征,即多个淘宝村集聚发展,具有地理邻近、产业相似等特点。比如,在江苏沙集镇涌现多个以家具为主的淘宝村,在浙江织里镇涌现多个以童装为主的淘宝村等。

淘宝村集群化发展是多个因素综合作用的结果,比如,村民普遍具有经商意识和创业精神,农村熟人社会结构利于电子商务扩散,本地已有产业集群提供良好基础等。

淘宝村集群化发展,一方面,说明淘宝村与地方传统产业集群的结合度更加紧密。传统产业基础的存在为淘宝村的成长提供了更加强大的支撑,同时,淘宝村也促进了传统产业的升级转型。如河北清河县的毛纺织产业、浙江义乌市的小商品产业、福建安溪县尚卿乡的藤铁产业,都形成了传统产业集群和淘宝村互补发展的态势。

另一方面,淘宝村也在催生新的地方产业集群。和传统的工业经济相比,电子商务对于自然资源的依赖度更低,对信息和人才的要求更高,自然资源贫乏但具备了信息化能力的农村,往往能够迸发出比资源禀赋优势地区更加强大的爆发力。例如,江苏省徐州市睢宁县沙集镇的家居产业、山东省曹县大集乡的儿童演出服饰产业,就是在原有产业基本为零的基础上,通过信息和人才的汇聚,形成了上亿元的新兴产业集群。淘宝村与特色产业集群范例如表3-4所示。

表3-4 淘宝村与特色产业集群范例

特色产业集群	淘宝村举例
鞋	晋江市陈埭镇的仙石村和高坑村、磁灶镇的张林村等
	温岭市泽国镇的牧屿村、双峰村、长大村等
箱包	保定市白沟新城的白五村、来远村、小营村、许庄村等
	广州市太和镇的南岭村和石湖村、狮岭镇的合成村、新扬村、益群村等
服装	广州市增城区新塘镇的白江村、白石村、东洲村、甘涌村、久裕村、坭紫村、上邵村、新何村、瑶田村等
	广州市太和镇大源村、南村、夏良村
家具	睢宁县沙集镇丁陈村、东风村、夏圩村、兴国村、朱庙村以及紧邻的宿迁市耿车镇大众村
	安溪县尚卿乡翰卿村、翰苑村、新楼村、灶坑村、灶美村
汽车用品	南宫市垂杨镇的宋都水村、段芦头镇的段四村
	天台县坦头镇的东陈村、湖岸村、五百村、鱼山村
床上用品	南通市川姜镇的三合口村、义成村、志南村和张芝山镇的塘坊村
羊绒制品	清河县葛仙庄镇的黄金庄村、许二庄村、杨二庄村、朗昌坡村、张二庄村、西高庄村和杨二庄镇的东高庄村

数据来源:根据阿里研究院的数据整理。

第4章 邮政电子商务业务

4.1 邮乐网

4.1.1 邮乐网概述

尽管中国邮政拥有遍布全国的近5万个营业网点,但由于邮政信函业务大量萎缩,报刊、速递业务从窗口办理转向上门服务,邮政企业仍然面临着业务量下滑、营业厅资源闲置的挑战,所以,如何将其中一部分网点资源服务于电子商务业务,使其产生更大的价值,成了邮政电子商务化最重要的建设内容。在中国邮政的战略布局中,邮乐网是其从实业领域进入电子商务的核心平台。邮乐网最为直接的作用,是在赚取商品进销差价的同时,为中国邮政旗下规模庞大的营业网点、物流配送设施提供源源不断的业务。

邮乐网定位于B2C的品牌商品销售平台,其商品具有中高端和便于邮寄两大特点,主要包括品牌服饰、箱包鞋帽、个人护理、居家生活、数码家电等。该平台结合了电子商务和传统的零售网络,提供全方位的线上线下订购服务。

近年来,中国邮政将农村电商列为其重点战略业务,邮乐网已成为中国邮政进军农村市场的重要平台,其页面链接的邮乐农品网以服务"三农"、促进地方经济和社会发展为宗旨,依托中国邮政遍布城乡的服务网络,整合全国优质农产品生产加工企业、农村合作社、农产品贸易企业,为广大消费者提供安全、绿色、健康的农产品。

邮乐网"919"购物狂欢节如图4-1所示。

4.1.2 邮乐网的业务流程

1. 邮乐网平台入驻

(1)邮乐网商家入驻流程

邮乐网商家入驻流程如图4-2所示。

邮乐网平台入驻的具体操作如图4-3至图4-7所示。

商家需要填写的内容及邮乐网审核的标准是:

① 按照提示准确填写仓库信息及联系人信息并提交,系统将自动提交开通EMS、小包上门揽收服务申请;

② 从商家提出开仓申请到邮乐网完成审核反馈结果给商家,最长不超过7个工作日,

图 4-1 邮乐网"919"购物狂欢节

图 4-2 邮乐网商家入驻流程

当申请处理完成时,邮乐网会通过短信及邮件的形式通知商家仓库联系人。

EMS、小包上门揽收服务开通的条件是:商家仓库地址在 EMS 揽收范围内,并且商家需要寄递的产品不属于禁限寄物品。

(2) 创建仓库流程

商家提交新建仓库申请后,邮乐网会在 7 个工作日内完成审核,并开通 EMS 上门揽收服务。创建仓库的目的是将商家后台配货完成的订单自动发送到 EMS 系统,EMS 揽收人员接收揽收信息后上门取件。

"仓库派揽状态"的说明,以及商家需要跟进的事项如下。

① 派揽待受理:商家已提交创建新仓库的申请,待邮乐网审核。

② 派揽申请中:邮乐网复核商家填写的仓库信息完整,已提交 EMS 并确认是否可开通揽收服务。

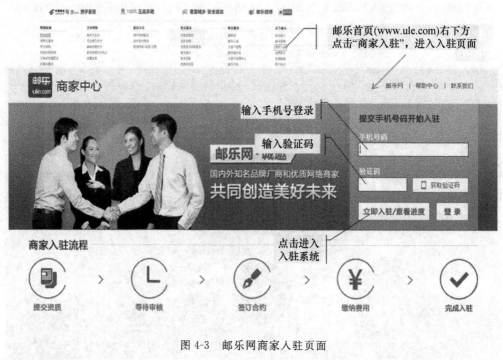

图 4-3　邮乐网商家入驻页面

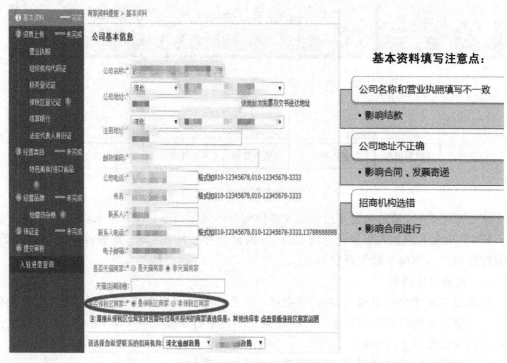

图 4-4　基本资料填写注意点

③ 派揽已开通：仓库已开通 EMS 派揽，商品可上架销售，订单配货完成后，EMS 会自动上门揽收，这时系统显示的页面见图 4-8。

图 4-5 资质上传要点

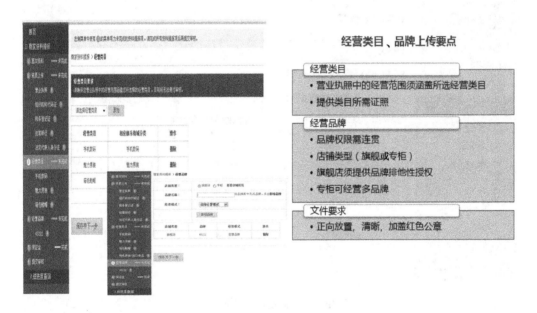

图 4-6 经营类目与品牌上传要点

④ 派揽申请拒绝:如商家填写的仓库信息不完整,需要重新申请创建仓库。

⑤ 不开通派揽:仓库所在地超出 EMS 揽收范围或商品属于 EMS 禁寄范围,商家需要申请开通社会快递。

(3) 创建店铺操作步骤

基础设置模块位—店铺管理—店铺基本信息—创建店铺名称。

(4) 创建店铺分类操作步骤

基础设置模块位—店铺管理—店铺分类维护—选择店铺—添加新分类—添加子分类。

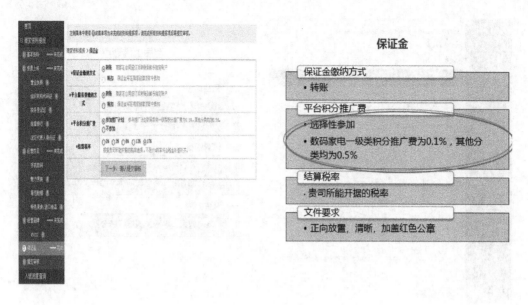

图 4-7　保证金

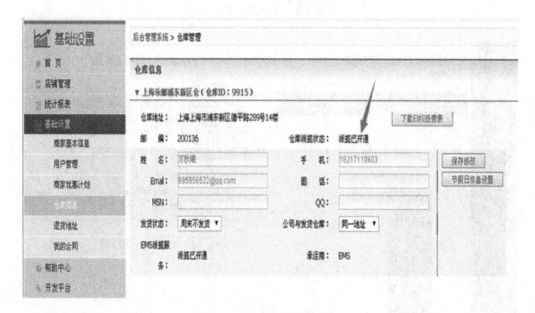

图 4-8　派揽已开通页面

（5）店铺装修步骤

基础设置模块位—店铺管理—店铺装修—维护店铺基本信息—三大装修模板选其一。

（6）上传商品步骤

商品编辑模块位—商品管理—发布新商品—填写四大块商品信息（带"＊"为必须填写项）—点击发布。

商品基本信息填写解读如图 4-9 所示。

完整的合同包括如下几部分。

① 入驻审批表一份。

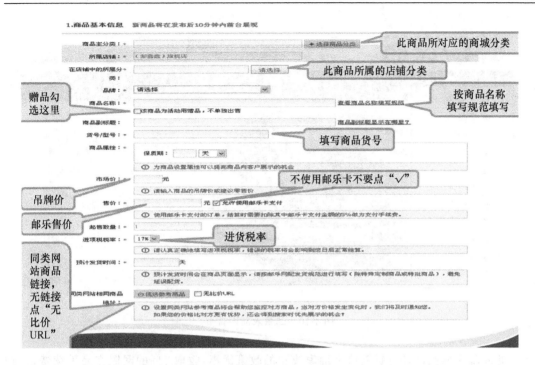

图 4-9 商品基本信息填写解读

② 邮乐网服务条款一式两份,加盖骑缝章及乙方签字并盖章。
③ 邮乐平台技术服务协议,加盖骑缝章及乙方签字并盖章。
④ 商家经营品牌注册证及完整授权书各一份,加盖公章。
⑤ 五证(营业执照、税务登记证、组织机构代码证、开户许可证、法人身份证)/三证(营业执照、开户许可证、法人身份证),复印件各一份并加盖公司公章。
⑥ 特殊行业需要出示相关证件。

例如:经营食品需出具食品流通许可证;经营电子产品需出具 3C 认证书;经营珠宝需要出具珠宝鉴定书。

2. 邮乐农品网入驻

邮乐农品网是集线上线下一体化运营的优选农产品直销商城,邮乐农品网帮助涉农企业逐步实现全供应链电子商务化,邮乐农品网首页如图 4-10 所示。农村电商市场空间很大,各类电商平台都看好这一市场,与其他电商平台入住资费相比(见表 4-1),邮乐农品网的"免交易佣金、免推广费、免会员费、免保证金、免培训费"的"五免"优惠政策,使其具备了独特的市场竞争力。

表 4-1 邮乐农品网与主流平台入驻资费对比

单位:元

对比项目	主流平台					
	天猫	京东	1号店	阿里巴巴	亚马逊	邮乐农品网
保证金	5万~15万	1万~10万	1万	3 000	无	免费
佣金	0.5%~5%	5%~20%	1%~6%	无	4%~15%	免费
年费	3万/6万	6 000	7 800	1 688 或 3 688	无	免费

图 4-10 邮乐农品网首页

此外邮乐农品网还有针对降低商家成本的政策优惠：收取1‰的网银交易手续费，在物流选择上商家可以选择 EMS 或邮政小包（仅生鲜产品可选择第三方物流）。

邮乐农品网商家入驻规则如下。

① 商家类型：邮乐农品网入驻商家可分为生产/销售企业和农民专业合作社。

② 商家资源：企业/合作社按照邮乐网平台商家入驻规范，提供营业执照、组织机构代码、税务登记证、银行开户许可证、法人身份证。

③ 上线产品：品牌产品需要提供商标注册证或商标注册受理通知书和商标授权书；无品牌商品需要提供自产自销证明、商品质量检测报告（农药残留、检疫证明）、地方政府提供的质量背书。

④ 商家结算：

a. 完成与邮乐农品网的合同签订；

b. 关于结算账号，有对公账户，直接打款到对公账户；

c. 关于结算流程，参照邮乐平台商家结算流程，通过商家中心用户可自行查看可结算金额，并进行提现操作，提现申请后 $T+3$ 日转账到结算账号。

⑤ 商家开票：

a. 凡是参加邮乐网活动的，对优惠券、积分、邮乐补贴等需要开发票的，商家需要根据结算单中所提示的开票金额开具发票；

b. 商品销售类发票为增值税专用发票（17％或13％税点）；

c. 商家为一般纳税人或者小规模纳税人，提供税务局开具的增值税发票；

d. 免税商家需提供免税证明。

3. 市/县馆建馆

邮乐网石家庄馆如图 4-11 所示。

市馆建设所需的条件和要求如下。

图 4-11　邮乐网石家庄馆

① 产品种类达到 100 种以上。

② 商家个数原则上需要 8 个以上的商家。

③ 如果上述两个条件满足了,即可准备商家名称及链接、需要推介的 10 种产品 ID(每个商家 10 种)、4 张具有本市特色的图片,图片尺寸要求为 1 200 px×500 px。

④ 要求每一层为一种品类,至少 3 个品类以上,每种产品至少 20 个,几种品类就能分几层楼。

⑤ 每层楼广告位图片要求尺寸为 210 px×500 px,如果某个品类有多个链接,并且希望所有链接都能点开,则这个品类需要准备点开的对应商家的广告位图片。

县馆建设所需的条件和要求如下。

① 当地风土人情、历史文化、美食土特产介绍,以农产品特产介绍为主,200 字左右;当地实拍图片 20 张,以标志性景观和天然风光为主。

② 主营农产品特产分类 3～4 个,例如:长春馆——东北大米、人参鹿茸、野生炒货、特色名酒。

③ 平台商品上线数量最低标准,县馆要求 50 种以上。

④ 首页头部背景图一张,最好能体现当地地域特色,尺寸为 1 920 px×300 px。

⑤ 活动广告图3张,可直接跳转到地方馆下的店铺首页,尺寸为950 px×400 px。
⑥ 地方馆后台运营人员对接联系方式,方便对后台使用的操作进行指导和在出现问题时及时沟通。

4. 代购专区商家邀请和提报

代购业务渠道是邮乐平台上特有的一种业务渠道模式,其步骤如下。
① 接受入驻邀请:接受一次即可。
② 商品渠道提报:每次新商品上架后,都需要通过这个入口提报,商品才能到代购专区销售。
③ 登录商家后台,如图4-12所示,进入"营销推广"区域。

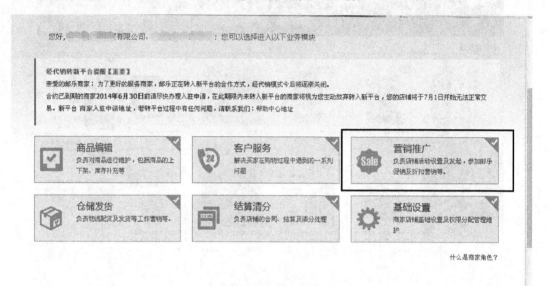

图4-12 商家后台

④ 点击"业务渠道入驻管理→业务渠道入驻邀请"菜单,确认入驻代购专区,如图4-13所示。
⑤ 进入"商品编辑"区,点击"业务渠道商品管理→提报业务渠道商品"菜单,如图4-14所示。

点击"筛选",列出已上架商品明细。可通过商品编号(如商品编号为123835001,在方框内输入123835001)查询。点击"批量提报",将所选商品提报到"商品代购"专区。

思考题

1. 简述邮乐网的产品种类、价格策略和促销手段。
2. 假如你是邮乐网招商团队中的一员,你会对前来的商家提哪些要求?

实践题

在邮乐网上买一件商品,详细记录下你的整个网购流程(包括客服营销),并对你所买的商品做出评价。

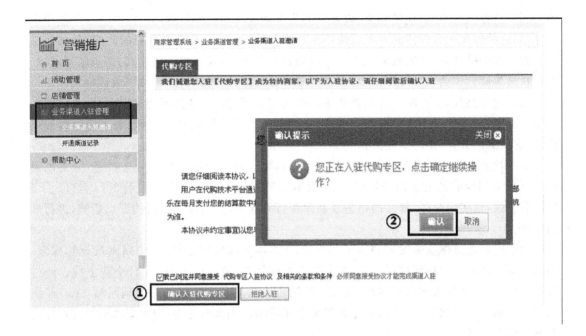

图 4-13 业务渠道入驻邀请

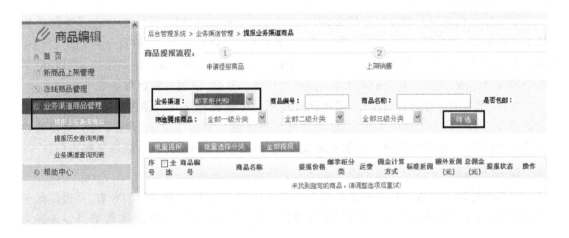

图 4-14 提报业务渠道商品

4.2 集邮网厅

4.2.1 集邮网厅概述

1. 项目背景

中国邮政作为官方唯一的邮票发行机构,集邮业务必然成为邮政企业一项重要的标志性业务,同时,也是邮政业务中效益较好的业务之一,有着独特的地位。但是,随着时代的发展,尤其是"互联网+"时代的到来,以互联网为基础设施和创新要素的经济社会发展新形态正在形成,给传统邮政的集邮业务带来不少冲击。同时,也由于业务本身的问题,集邮业务面临着极大的挑战:一是集邮队伍老龄化趋势日益严重,新客户难以拓展;二是集邮网点少,专门从事集邮营销的人员逐年减少;三是集邮产品跨地区营销不便,难以形成规模效应。

面对这些挑战,中国邮政集邮业务主动拥抱互联网,将"互联网+集邮"作为业务转型的战略突破口,转变传统集邮业务经营模式,通过电子商务升级服务方式,致力于向社会提供便捷、优质的服务,将集邮文化发扬光大。

参考社会主流电子商务平台(如淘宝、京东),结合邮政企业及集邮业务特色,为集邮爱好者量身定制专业的电子商务网站,1.0版本中国邮政集邮网上营业厅于2014年11月1日顺利上线,已实现邮票、邮品的销售及新邮预订等业务,可支撑省级机构开设店铺,进行产品销售。

为了更好地支撑业务发展和服务客户,1.0版本集邮网厅上线后,中国邮政继续探索,不断丰富产品形式和拓展渠道,2.0版本的集邮网厅于2015年9月15日全新上线。经过改版设计,店铺开设机构已由省拓展到地市,销售渠道从单一的网站拓展到网站、App及微信三位一体的一体化平台,产品及业务类型也在不断地丰富与完善,中国集邮网上营业厅的基本架构已形成。

2. 项目简介

中国邮政集邮网上营业厅简称集邮网厅(http://jiyou.11185.cn),是整合各级邮政集邮专业资源,为客户提供邮票零售、邮品零售、新邮预订、原地实寄、竞拍及个性化定制等多样化线上服务的垂直B2C电子商务平台。将集邮"搬上"互联网,客户足不出户即可轻松了解全国各地邮票、邮品信息,随时购买全国各地特色邮品,体验集邮特色服务。

此外,作为中国邮政官方平台,集邮网厅还承担弘扬集邮文化的重要职责,是集邮文化的重要传播平台。为了推广集邮文化,集邮网厅还开辟了集邮者之家、集邮网院、生肖博物馆等文化栏目,方便集邮爱好者了解集邮文化活动、自主学习集邮知识、获取集邮资讯。

3. 项目定位

集邮网厅项目致力于打造综合性线上集邮平台,做集邮行业触网的领导者,促进集邮业务向文化产业转型,主打文化市场,锁定邮政已有集邮客户群体,发展新兴集邮爱好者及文化人士。

面向集邮爱好者提供权威集邮资讯服务及丰富的票品资源,满足其获得资讯及购物的需求;面向各级邮政企业提供线上业务发展平台,创新服务形式和内容,巩固客户基础,保障集邮业务收入。

4. 集邮网厅的电商模式

邮政集邮网厅是一个综合性的平台,具备B2C、B2B、O2O、C2B等电子商务网站的模式特点。

该平台的主要业务为以面向集邮爱好者为主的B2C模式见图4-15。

线上网站和线下网点联动的O2O模式见图4-16。

以团购和个性化定制邮票为代表的C2B模式见图4-17。

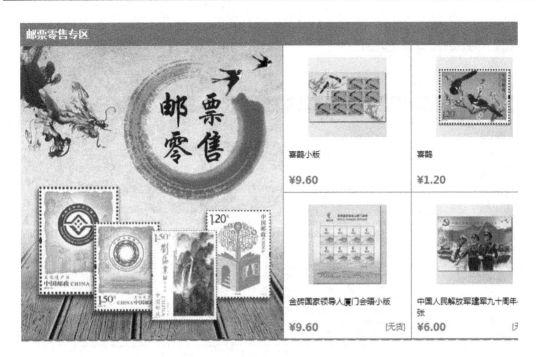

图 4-15 B2C 模式——邮票零售专区

图 4-16 O2O 模式——线上网站和线下网点联动

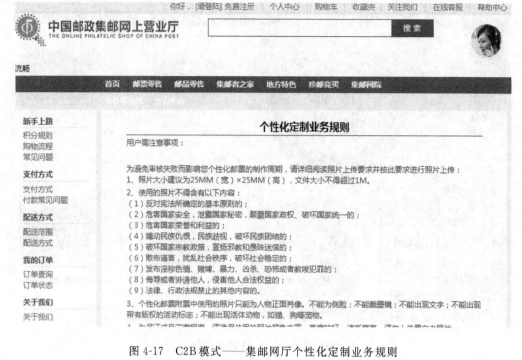

图 4-17　C2B 模式——集邮网厅个性化定制业务规则

4.2.2　集邮类垂直电商平台对比

目前集邮行业具有代表性的主流邮票交易网站主要有以下 3 种：一是以一尘网、邮币卡互动网等论坛形式实现邮友之间 C2C 交易的平台；二是中邮网、上海东邮网等邮商搭建的 B2C 电子商务交易网站；三是以中国邮政集邮网厅（以下简称"集邮网厅"）为代表的中国邮政集邮官方网站。下面重点选择一尘网、中邮网及集邮网厅进行对比分析。

1. 平台定位及运营模式对比

（1）一尘网

一尘网现更名为中国投资资讯网（网站首页见图 4-18），由上海知名邮商创立，是目前国内最大的民间邮票交易网站，注册会员几十万，以论坛的形式实现邮友之间的交流与交易，是论坛式 C2C 交易模式。会员费是一尘网主要的赢利点，根据会员等级收取用户交易频道资源使用费，会员年费标准为：纯买家会员免费；营销员 220 元每年；营销主管 420 元每年；总经理 1 000 元每年；网信通 1 500 元每年。同时会员还需交付一定保险金以备交易损失时判定责任。拥有会员等级后，会员可根据等级权限进行相应的买卖信息发布或回复，买卖信息的确认均可在帖子内完成，也可通过卖家公布的信息进行联系。

（2）中邮网

中邮网（网站首页见图 4-19）的前身是成立于 1998 年的李国庆邮票社，2005 年正式搭建线上平台，经营范围包括邮票、钱币和礼品册的销售，是起步较早的集邮行业 B2C 电子商务网站。平台赢利点包括商品销售、第三方商家商品交易服务费（商品销售额×5%）。平台集销售、收购于一体，用户在商品发生缺货的时候可以进行缺货、求购登记，平台定期整合信息并发布收购信息,形成良好的供求闭环。

图 4-18　一尘网首页(网址:http://www.xx007.com)

图 4-19　中邮网首页(网址:http://www.e1988.com/)

(3) 中国邮政集邮网厅

中国邮政集邮网上营业厅(网站首页见图 4-20)属于 B2B2C 电子商务平台,平台由中国集邮总公司及 31 个省市集邮公司的店铺组成。平台运营团队负责日常平台维护、平台活动组织及店铺运营质量的监管,各店铺负责自己店铺商品的销售及活动组织与参与。平台不收取用户及店铺佣金,属于集邮官方垂直领域电子商务平台。

图 4-20 中国邮政集邮网上营业厅首页(网址:http://jiyou.11185.cn/)

2. 主要功能对比

(1) 核心功能——交易

作为电商平台,交易环节是核心部分,下面就品种多样性、操作便利性、交易安全性、价格等 4 个方面对 3 个平台进行对比分析,见表 4-2。

表 4-2 各平台交易功能对比分析

平 台	品种多样性	操作便利性	交易安全性	价 格
一尘网	品种齐全: 供销两旺,零散及批量交易量均较大	操作不便: ① 无查询功能,商品信息查找不便,信息量大 ② 交易门槛高。交易以论坛发帖确认为主,要求实名注册会员,不便于普通用户操作,适合邮商	安全系数低: ① 仅靠交易积分系统及论坛舆论监督保障交易安全 ② 买卖双方人员混杂,退货承诺不完善,商品真假无保障	基本体现市场价格,与市场价持平或略低于邮品市场价
中邮网	品种较齐全: 零散为主,存在缺货	操作方便: ① 有商品分类目录,查找方便 ② 下单流程简便。用户注册后,可选择商品,下单支付,完成购买	安全系数中等: ① 支持质量问题 7 天退换货,在一定程度上降低了买家风险 ② 非官方平台,商品真实性存在一定风险	价格清晰,出售价与市场价持平或略高于市场价,展示商品在平台上的历史售价,供用户参考

续表

平台	品种多样性	操作便利性	交易安全性	价 格
集邮网厅	① 新邮品种齐全 ② 老邮票较少 ③ 数量有限	操作方便: ① 有商品分类目录,查找、搜索方便 ② 下单流程简便。用户注册后,可选择商品,下单支付,完成购买	安全系数高: 官方网站,商品以新邮为主,保证为正品,有专业客服团队进行售后服务	按商品售价正价销售,不随市场波动溢价折价,通常低于市场价

(2) 其他功能对比

各平台其他功能对比分析如表 4-3 所示。

表 4-3 各平台其他功能对比分析

平 台	投资分析	资 讯	邮友互动	收 购	其 他
一尘网	实时更新邮市行情,提供票品报价投资分析文章丰富,为投资者提供参考	设置集藏资讯板块,每日更新内容	双向互动,通过论坛实现	论坛发布供求信息	无
中邮网	投资分析涉及较少,文章以钱币投资为主	设置资讯板块,更新频率低,有些栏目甚至停止更新	单向互动,通过商品评论实现	开设收购板块投放企业收购信息,用户可通过平台登记需求	建立了用户等级评分体系和用户积分体系
集邮网厅	不提供投资理财分析服务	栏目丰富,包括新闻、公告、博览、集邮者之家等板块;内容更新频繁,及时更新各类新闻及活动信息	单向互动,通过商品评论实现	无此功能模块	支持新邮预订业务;支持个性化定制;支持原地实寄;正在搭建集邮爱好者交易平台(C2C)

4.2.3 集邮网厅系统简介

1. 前端集邮业务

集邮业务是邮政的传统业务,经过多年的发展,现已形成多样化的、稳定的业务体系。中国集邮网上营业厅不仅实现了邮票零售、邮品零售、新邮预订等线下基础业务的线上化,还创造性地开辟了全国预售、珍邮竞拍等新业务和摇号等销售形式。目前,集邮网厅提供以下服务。

① 零售:即现货销售,商品信息及实物已生成,客户在网上购买后,店铺可及时通过系统进行发货。根据商品的不同,零售又分为邮票零售和邮品零售。目前邮票仅支持中国集

邮总公司店铺在线销售；邮品支持所有在线店铺销售。

② 预售：为了控制成本、减少库存，店铺可以在没有商品实物或者商品准确信息的前提下，采用提前销售的模式进行销售，等商品信息确定之后，再根据商品实际价格与预售价格的差额进行退补款。预售主要针对邮品，并根据收入归属的不同，又分为普通预售和全国预售。普通预售是哪个店铺发布的商品，收入归哪个店铺；全国预售商品由中国集邮总公司发布，但根据客户选择的自提网点或寄递地址，收入计入订单属地网点。

③ 新邮预订：为了保证集邮爱好者顺利收集全年的邮票，客户可在每年年底预订第二年度邮票、邮品，包括套票、年册、大版、小版、邮资封片、港澳票品等。无论线上还是线下，新邮预订均是集邮专业的重点业务和重要的收入来源。

④ 珍邮竞拍：与二级邮票销售市场不一致，中国邮政作为邮票的发行机构，票品销售主要以新邮（新近发行的邮票）为主。为了让更多珍邮能够到真正的集邮爱好者手中，中国集邮利用互联网渠道，开辟了珍邮竞拍业务，根据票品或活动主题，定期从中国集邮总公司、各省及地市集邮公司挑选部分老票、珍邮以竞拍的形式进行销售。

⑤ 原地实寄：原地封是指所贴邮票内容发生的原地寄发或销票的信封，信封上盖有根据所贴邮票的主题或主图确认的事件发生地或实体所在地的原地邮戳。经过实际实递的原地封就是原地实寄封，它比普通邮票更具收藏价值，线上开通原地实寄业务，打破了地域限制，客户可以买到全国各地的原地商品。

⑥ 个性化定制：邮票个性化服务业务是以集邮总公司发行的带有空白附票的专用邮票为载体，根据用户的正当需求和有关规定，在空白附票上印制个性内容，赋予空白附票个性特征，向社会提供邮票个性服务的业务。目前线下的邮票个性化定制业务流程复杂，时间较长，客户体验欠佳，个性化定制业务的线上化，简化了业务流程，客户可随时跟踪订单状态，定制模板更丰富，使业务更具活力。

2. 网厅主要系统

集邮网厅的主要业务涉及 4 个信息系统，分别是集邮网厅、生产系统、仓储系统和工单系统，如图 4-21 所示。各系统主要功能如下。

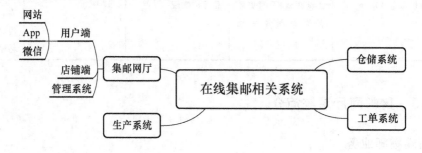

图 4-21 集邮相关系统

（1）集邮网厅

集邮网厅包括用户端、店铺端及管理系统。用户端主要针对客户，通过网站、App 及微信渠道为客户提供商品浏览、购买及订单管理等服务；店铺端则面向中国集邮总公司、各省及地市店铺，可供其进行商品发布、订单管理、开展营销活动、清分结算及报表导出等运营工作。管理系统则供集邮网厅运营中心进行全网商品信息、订单信息、报表的查询与管理，广告信息的发布,清分结算等工作。集邮网厅移动端首页如图 4-22 所示。

图 4-22　集邮网厅移动端首页

(2) 生产系统

生产系统是集邮线上线下业务的核心系统,管理集邮业务线上线下所有票品信息、库存和收入。中国集邮总公司、各省、地市及营业网点可在系统中进行票品信息查询、库存备货、订单分配、收入计列等工作。生产系统页面部分截图如图 4-23 所示。

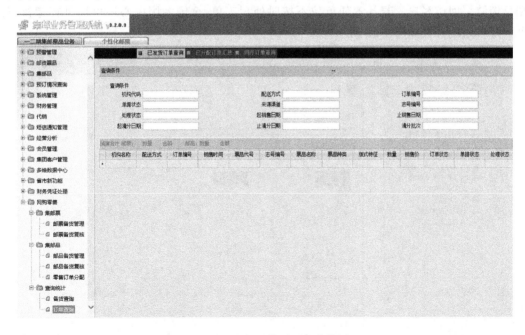

图 4-23　生产系统页面部分截图

(3) 仓储系统

仓储系统用于集邮网厅寄递订单的仓储信息管理及拣货、加工、交寄等物流信息操作，是实物类购物平台的重要组成部分。仓储系统页面部分截图如图 4-24 所示。

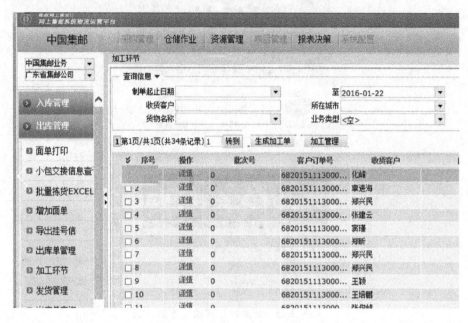

图 4-24 仓储系统页面部分截图

(4) 工单系统

工单系统用于处理各渠道客户投诉和咨询，全国客服中心统一接收客户投诉，并通过此系统进行工单录入及分派至各责任单位。各单位处理后，在工单系统反馈，全国客服中心根据反馈结果回访客户。若各责任单位不按时处理工单，全国客服中心还可以进行考核、催办。工单系统首页如图 4-25 所示。

图 4-25 工单系统首页

3. 系统处理流程

集邮网厅涉及的系统较多,流程也较为复杂,集邮网厅各系统流程见图4-26。首先,在商品发布上,集邮网厅的商品信息需要与生产系统关联,绑定生产系统的票品编号,基于此实现商品库存一体化管理。若在集邮网厅发布商品时,生产系统还未生成该商品的票品代码,则需要发布预售模式,待生产系统有票品代码绑定后,才转为零售。商品发布成功后,客户下单并成功支付,订单推送到生产系统。若是自提订单,客户可在网点的生产前端系统直接凭借自提码取票;若是寄递订单,则推送仓储。但是订单推送的前提是生产系统将用于寄递发货的商品进行备货,并在仓储入库,仓储库存足够的情况下,订单推送仓储后,即可进行发货,订单物流信息同步到生产系统及网厅。

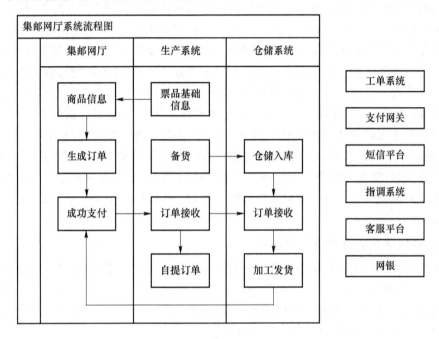

图4-26 集邮网厅各系统流程图

4.2.4 集邮网厅的运营与管理

集邮网厅于2014年11月1日上线,2015年9月15日进行了系统切换,同期上线了"中国集邮"App和微信商城。截至2017年4月底,累计注册用户653.58万人,交易额15.54亿元,完成交易576.36万笔,目前日均PV(页面浏览量)约25万次,日均UV(独立访客)约2万~3万人,"中国集邮"App下载量为93.48万次,"中国集邮"服务号粉丝为82.04万人。

为规范集邮网厅运行质量,加强流程监控,提升市场竞争力和服务水平,积极探索在"互联网+"大环境下集邮网厅的运营管理模式,集团公司于2017年出台了相关管理支付和办法,以保障集邮网厅的运营质量。

1. 明确职责

邮政集邮网厅的组织架构和职责如下。

集邮网厅由集邮总公司承担运营,2015年9月转为电商运营中心承担运营,2016年12

月中国邮政成立集邮O2O团队,专门负责集邮网厅的运作。

集邮网厅业务管理归口邮票发行部,运营管理归口电商局,客服工作由江苏客服中心承接,具体运营支撑的执行工作由运营中心承担。

邮票发行部是集邮业务的主管机构,其职责为确定线上线下集邮业务的发展模式及业务规划,制订管理办法及考核体系;提出并确认信息化建设的业务需求;对各级单位线上线下经营活动进行管理。

中国集邮总公司是全国经营活动执行机构及运营主体,其职责为负责全国题材商品开发及全国性营销活动策划,协助邮票发行部做好全国线上线下营销活动的组织推广,负责本机构在集邮网厅的日常经营工作。

中国邮政集团公司电商分销局是邮政网厅平台的主体和实施机构,其职责为指导和监督全国运营中心工作,负责结算清分事宜与监管,负责客服中心的指导与管理。

全国邮政电子商务运营中心(以下简称"运营中心")是集邮线上日常运营工作的执行机构,其职责为:负责平台上信息的审核、发布;资金清分对账;支持各店铺运营工作;对异常数据及疑难订单人工干预;监控各店铺异常运营指标并进行督导考核;监控各单位对投诉工单的处理时限和质量;对集邮网厅经营情况进行数据分析并进行周、月通报分析。

中国邮政在线业务平台客服中心(简称"客服中心")对外承担集邮线上线下售后服务职责,负责做好客户服务和维系工作,定期进行客服情况总结与数据统计,对客户反应的问题实行首任负责制,督办工单处理进度;对内承担全国集邮业务线上线下运行质量监控职责,负责对线下渠道票品各环节流转时限进行监控督导,对线上集邮网厅订单处理的全流程进行监控督导。

2. 实施扁平化运行质量管理模式

集邮业务试行全国运营中心与各级经营主体单位两级管理模式,通过对信息发布、订单处理、售后服务和会员服务等环节的管理和监控,设置主要预警指标,采取三级预警考核机制,将预警信息直接反馈给各环节经办人、部门主任、省(地市)集邮主管领导和全国运营中心,并对相关责任单位和责任人进行业务考核。

3. 管理工作重点内容

(1)加强时限管理,建立线上线下作业时限预警体系

一方面,对集邮网厅订单处理时限进行监控及督导管理。时限监控的重点为新发行的预订与零售邮票、集邮总公司指定常规集邮品、集邮网厅各个店铺的订单处理流程时限(寄递产品寄递时限、摇号自提产品线下发货时限、入库接收时限、按时按量到达营业网点情况等)。

另一方面,明确各环节的处理时限指标。重点对各省、地市、网点的票品主要处理时限进行明确规定,共设置了4类24个关键指标,同时将进一步提高发行部、各印制企业、集邮总公司的票品发运及时率。信息系统将自动进行监控,监控中心将对相关责任部门进行实时预警、督导,预警和督导级别将根据逾限程度逐级提高。

(2)对网厅店铺试行综合考评,推出相关服务措施

为落实以用户为中心的经营服务理念,需提升用户交易体验,倒逼邮政各环节提升运行质量。

根据用户评分、发货及时率和售后满意率3项指标,对网厅各店铺试行综合考评,向社会公示各个店铺的考评结果。集团公司通过资源配给、表彰通报等手段对各店铺进行奖惩。

根据《中华人民共和国消费者权益保护法》规定,集邮线上业务将试行"七天无理由退货"制度。除订制、拍卖、贵金属等特殊业务外,在用户收货7日内,提出退货申请,且退回商品内件齐全的情况下,各经营单位须提供退货服务。

对标社会电商企业通行规则,集邮线上业务试行"先行退货"制度。经营单位逾期不处理用户投诉,经集邮客服中心监督仍未妥善解决用户诉求时,客服中心有权直接协商卖家进行订单退款处理,以保护用户权益。

4. 店铺运营技巧

(1) 商品发布技巧

集邮网厅是垂直电子商务平台,商品同质化程度较高,若要在众多商品中脱颖而出,各店铺需在商品发布上下功夫,通过商品信息的编辑,让商品更容易检索,让商品信息更饱满,让商品详情页更加美观,从而吸引客户眼球,提高商品收入转化率。具体需要注意以下几个方面。

① 商品分类

商品发布的时候需要选择正确的票品类目及票品题材,当用户选择按票品题材、票品类目的维度筛选票品时(如用户通过网厅首页大邮筒进行分类检索),正确的票品分类能提高用户的筛选效率,第一时间将用户所需展现在页面,增加用户的购买意愿。

② 商品标题

标题最容易吸引客户眼球,因此,标题要简明扼要,突出重点关键词,若为活动商品,可在商品标题中写明活动关键词,如"满赠",尽可能让客户快速抓到关键词,引起客户的注意,并使其点击查看详情。

③ 商品详情页的内容与排版

商品详情页信息需准确、详尽,让客户能快速认知商品,描述包括但不限于产品名称、产品介绍、产品内容、产品详图、购买限制、发货时间、注意事项等。商品图片需要美观、清晰,图文相符,严格按照系统的尺寸上传,不拉伸变形。商品详情描述展示如图4-27所示。

(2) 营销推广技巧

运营推广在整个运营环节里面起到非常大的作用。不管是网站,还是店铺,都需要定期推广来"拉新、留存、促转化",并形成良性循环,保持健康发展。

① 借助社会热点及重要节日、事件进行营销

社会热点及重要节日是聚光点,可以引起关注,聚集流量。搭上社会热点及重要节日的顺风车,可以让宣传推广事半功倍。搭便车的关键是要找到节日和商品的契合点,可以分解成3步:一是了解事件、节日背景,包括起源、针对群体、相关仪式等;二是了解商品的特性,包括主要功能、对应需求、目标用户等;三是挖掘节日和商品的共同点,研究两者可以在哪一点产生联系,引导用户由节日、事件联想到商品,强化用户认知。

② 分析用户,明确目标,确定营销方式

策划营销活动,首先需要确认自己的用户群体特征,包括客户是谁、喜欢什么、有什么习惯等,将客户的"画像"描述清楚。其次明确本次活动的目的是什么,是拉新、留存还是促转化,目的不同,选择的营销方式也有所不同。因此,需要基于用户、目标,确定营销方式。

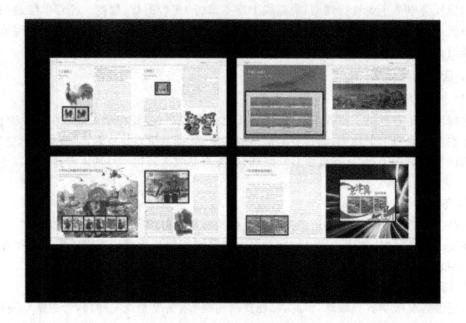

图 4-27 商品详情描述展示

由于目前集邮网厅营销功能尚未健全,结合集邮网厅的实际情况,集邮网厅主要采用以下营销方式。

a. 秒杀活动

为了活跃用户,增加用户黏性,利用部分热门邮品以力度较大的折扣优惠在一段时期内进行定时抢购,以吸引客户关注,养成每日登录的习惯,从而带动其他邮品的销售。

b. 摇号销售

由于集邮商品的特殊性,针对资源性量少邮品,可采用摇号的方式进行销售,这可在最大范围内调动客户积极性,使客户参与。目前,摇号销售是集邮网厅效果最突出的营销方式。

c. 积分使用

积分是提升客户留存率和活跃度的有效工具之一。积分活动主要分为积分获取和积分使用两个方面,两者相辅相成。只有积分有超预期的出口,获取积分才有意义;也只有积分获取门槛适度,积分使用才有可能实现。店铺在发布商品时,可结合营销需要,设置购买商品可获得积分、扣除积分和最低的积分门槛。对于普通商品,可以采用多倍积分赠送的策略;对于紧俏商品,可以用积分进行限购,如最低需要多少积分才能购买或需要直接扣除一定积分。《中国邮政开办一百二十周年》回馈邮折的积分限购如图4-28所示。

图4-28 《中国邮政开办一百二十周年》回馈邮折的积分限购

d. 关联销售

关联销售即购买A产品,才能获得B产品的购买资格。可以将紧俏邮品与库存邮品搭配,通过明星产品带动库存产品销售,以达到清理店铺库存、增加收入的目的。

e. 买赠类活动

买赠类活动具体可细化为以下几种形式:一是买赠,在活动期间,购买任意活动商品即可获得赠品;二是满额赠,即活动期间购买金额达到要求,即可赠送奖品;三是满额购,即活动期间购买金额达到要求,即可获得指定热门商品的购买资格。买赠类活动直接刺激客户消费,实现流量转化,促成实际的收入。

集邮网厅三周年活动首页轮播广告如图4-29所示。

图 4-29　集邮网厅三周年活动首页轮播广告

③ 选择合适的宣传渠道

好的营销时机、有效的营销方式都具备后,需要选择合适的宣传渠道,提高营销活动曝光率,活动才能为客户所知,才能产生价值。目前,宣传渠道分为内部、外部两种。内部,即利用集邮网厅现有的宣传资源进行宣传;外部,即在集邮网厅以外的平台或者渠道进行宣传,包括线上线下所有渠道。

a. 内部宣传

作为官方的集邮平台,集邮网厅在行业内影响力较大,且客户忠诚度高,因此平台内部的宣传资源价值高。集邮网厅的 PC 端、App 端、微信端 3 个渠道的广告可以独立上传,广告位资源丰富,包括首页轮播广告、橱窗专区、橱窗楼层广告、新闻公告和商品推荐等形式。其中首页轮播广告位于网站、移动端首页焦点位置,最具视觉冲击力,宣传效果最佳,但是资源有限,需店铺提前申请,统一安排发布。橱窗专区主要用于主题活动宣传,可以集中展示与主题相关的所有产品。

b. 外部宣传

外部宣传主要包括各省市运营的微信公众号、QQ 群、贴吧等社交平台,邮政线下网点及各大媒体等,通过外部宣传,可以实现流量的转入。

4.2.5　集邮网厅的业务流程

1. 零售

票品目录按照种类、大类、小类进行划分,其中按种类可分为集邮票、零枚票、集邮品、集邮用品、拓展产品等。票品需要区分代号、名称、发行日、志号、价值等信息,以及票品特征。

集邮网厅销售的票品基础信息来自集邮系统,集邮总公司和 31 个省及地市公司作为店铺发布商品，同一票品代号可能对应多个商品编号。

零售模式主要采用普通的商品销售流程，包括零售和预售方式，其中零售时票品已存在，直接上架销售；预售时邮品尚未确定发售，采用预售方式，票品将在确认发售后才完成销售流程，存在预售取消的情况。

零售的票品信息从集邮系统同步给集邮网厅，集邮网厅补充商品在网上的发布信息（包括商品发布渠道），预售直接从网上进行发售，销售采用分批定时上架方式。销售模式包括秒杀、摇号、折扣、竞拍、团购、抽奖、积分限制、捆绑销售、关联推荐、买赠、优惠券、免邮等，提供搜索和购物车功能。

集邮网厅零售订单下单后采用统一的支付方式。通过购物车下单时，需根据票品的店铺、销售期、品种等条件拆分成多个订单，支持合并付款。部分票品采用摇号方式，下单后由线下公证摇号后，具备资格的客户在线上完成支付。支付对账后，将订单同步到集邮系统。

仓储系统完成发货后，同步发货信息到生产系统，再到网厅。票品配送方式可采用自提或寄递，其中寄递目前使用邮政小包、EMS和挂号方式；自提点信息和范围由各省自行维护，可设置支持本省自提或全国自提。寄递信息来源于指调系统，自提完成信息由集邮系统返回。

集邮票品原则上允许换货，不允许退货。换货可由客户发起，后台审核通过，完成换货流程。退货属于特殊流程，仅能由业务人员从后台发起，客户退货后退款。

全国性票品订单归属有两个原则：属地寄收原则和发布归属原则。总公司发布的票品采用寄递方式的归属到寄递地址对应省机构，采用自提方式的归属到自提点；各省店铺发布的票品采用寄递方式的归属到发布省机构，采用省内自提方式的归属到自提点。

邮政集邮网厅零售业务具体流程见图4-30。

（1）票品发布

① 通过集邮系统的票品种类接口，同步票品的种类、大类、小类以及具体的信息，形成集邮票品目录。

② 店铺可以选择票品目录上的票品，将其发布为该店铺商品。

③ 预售商品直接在店铺上发布，待预售成单后再和票品目录关联。

④ 商品发布的时候需要配置可售数量（虚数，和库存无关）、限购数量、支持的自提点等。

（2）票品销售

① 客户查询在售票品，可以直接下单或者通过购物车下单。

② 通过购物车下单时，不同种类的票品放入时清空前种票品，需要根据店铺、销售期等进行拆单处理。

③ 需要摇号的订单在生成时只是预订单，当线下摇号结束后，根据摇号结果确认正式订单。

④ 订单支付前，需要根据销售和促销信息进行结算，支付调用独立支付系统。

⑤ 支付对账完成，即日终时，将订单同步至集邮系统，并获取自提码。

⑥ 预售成单后，根据需要完成多退少补流程；如果未成单，进行退款。

（3）发货

① 发货操作统一由集邮系统完成，发货完成集邮系统反馈物流单号。

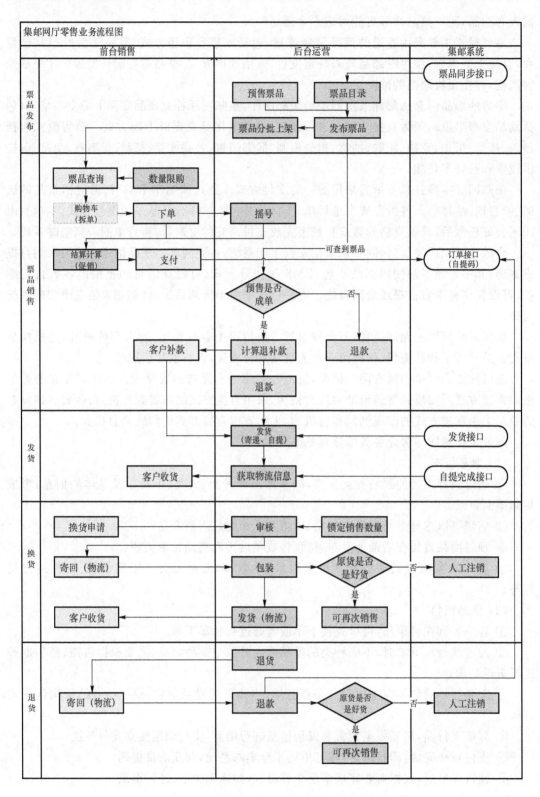

图 4-30 邮政集邮网厅零售业务流程图

② 集邮网厅在发货成功后发短信（自提码）给收货人。

③ 发货后，如果是寄递，取指调系统的物流信息；如果是自提，由集邮生产系统反馈自提完成情况。

④ 客户收货后，如果没有完成收货动作，则14天后系统自动收货。

（4）换货

① 客户发起换货申请，并上传照片和相关信息。

② 后台审核通过后，通知客户寄回票品。

③ 后台收到票品需要验看，如果和换货申请照片不符，和客户协商后退回；如果同意，则重新给客户发货。

④ 客户发过来的票品如果是好货，重新进入销售；如果不是好货，则走后台手工在生产环境注销。

（5）退货

① 原则不允许退货。

② 后台发起退货，通知客户寄回票品。

③ 后台收到票品需要验看，如果和申请要求不符，和客户协商后退回；如果同意，则给客户退款。

④ 客户发过来的票品如果是好货，重新进行销售；如果不是好货，则走后台手工在生产环境注销。

2. 预订

新邮预订分为以旧换新阶段和增量阶段。以旧换新阶段面向持有"新邮预订卡"的集邮爱好者，预订下一年度的新邮。增量阶段进行多批次放量，面向无资格参与以旧换新阶段的集邮爱好者。

新邮预订要求客户已完成实名认证，如果生产系统中已有该客户的实名资格，以生产系统为准；客户从未购买过新邮，则需要提供身份证，并通过公安部认证。新邮预订的客户原则上归属的机构不变，其购买数量计入该机构的可购买数量。

以旧换新需要从集邮业务系统获取预订资格，如果客户具备该类商品的购买资格，本年度此类商品的订购数量小于会员购买限制数量，并且该客户对应机构的可购买数量足够，可以允许该客户购买。增量阶段无须判断购买资格，只需要判断会员购买限制数量和对应机构的可购买数量即可。

通过验证后新邮预订销售基本同零售销售模式，购物车拆单时增加零售和预订拆单、摇号拆单、年前和年后拆单，订单在下单时即同步给集邮系统。新邮预订订单在预订期内可随时取消，取消时同步释放线上线下资源。

新邮预订在正式发货前，会对全年新邮数量和金额进行再次确认，计算实际金额，完成多退少补流程并同步给集邮系统。新邮预订同零售，统一由集邮系统发货。由于新邮存在季发、半年发、年发等发货形式，因此一个订单可能对应多个物流单。

退换货服务同零售退换货模式。

邮政集邮网厅新邮预订业务具体流程见图4-31。

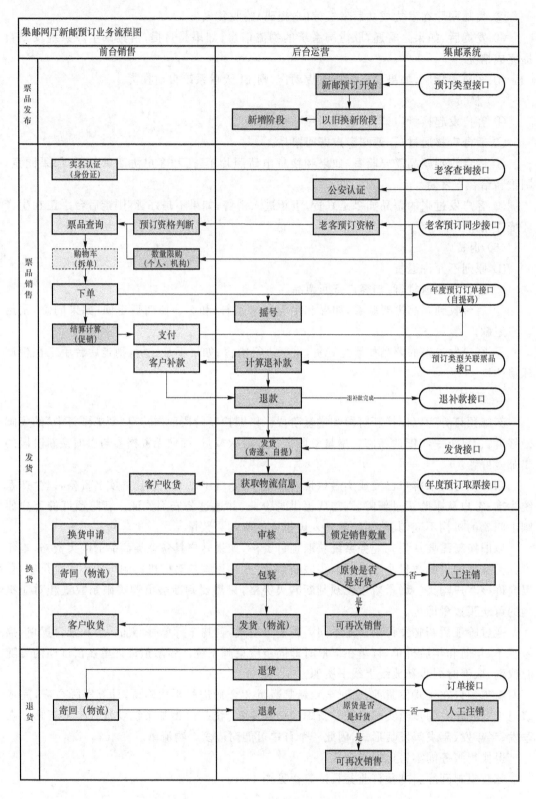

图 4-31 邮政集邮网厅新邮预订业务流程图

(1) 票品发布

新邮预订主要分为两个阶段:以旧换新阶段和新增阶段。两阶段开始时间不一定和线下同步,但是结束时间一定和线下一致。

集邮系统通过接口通知集邮网厅新邮预订开始以及阶段时间是否和生产系统同步。

(2) 票品销售

- 新邮预订要求客户已完成实名认证,如果生产系统中已有该客户的实名资格,以生产系统为准;如该客户从未购买过新邮,则需要提供身份证,并通过公安部的认证。
- 以旧换新需要从集邮业务系统获取预订资格,如果客户具备该类商品的购买资格,本年度此类商品的订购数量小于会员购买限制数量,并且该客户对应机构的可购买数量足够,可以允许该客户购买。增量阶段无须判断购买资格,只需要判断会员购买限制数量和对应机构的可购买数量即可。
- 购物车和摇号流程同零售。
- 新邮预订的手机号都默认先使用集邮系统同步的,如果没有或者不符合手机号码要求,再使用客户通过集邮网厅注册的手机号。
- 新邮订单在下单阶段调用年度预订接口生成新邮预订单,状态为下单完成。
- 新邮订单支付前同零售,支付对账完成后调用年度预订接口生成新邮预订单,状态为支付完成。
- 集邮系统通过预订接口(挂票)反馈集邮网厅票品实际价格,集邮网厅计算退补款,完成多退少补流程,并反馈给集邮系统。

(3) 发货

新邮发货是多轮的,寄递时可选季发、半年发、年发;如果自提,则通过集邮系统年度取票接口获取信息,一年可自提30多次。

(4) 换货

换货同零售;需要考虑部分换货。

(5) 退货

原则不允许退货;退货同零售。

3. 促销

促销方式包络满赠、满免(减)、组合销售、免邮等。具体流程是后台发布活动,包括活动时间、阈值等参数;在活动内添加参加活动的产品目录。

满赠:订单内本店铺本活动产品售价(数量)达到阈值后,可在订单中自动添加赠品信息,待支付后全部订单明细推送至仓储。

满免(减):订单内本店铺本活动产品售价(数量)达到阈值后,可减商品款或邮费,待支付后全部订单明细推送至仓储。

组合销售:支付成功1个单位的A商品后,可购买N个单位的B商品。

免邮:某商品可设置免邮标志,同订单内商品全部免邮。

资格限制:维护某种商品只能由特定账户或身份认证客户购买。

优惠券及客户账户功能:客户资金账户可存放订单退款、保证金退款,并用于下次购买或提现;优惠券功能可实现抵用订单支付金额;使用角色为各级店铺管理员。

优惠券获得策略:某种商品、订单合计货款金额达到阈值,对定向积分在阈值以上的客户、消费金额在阈值以上的客户、某时间段内注册的客户、某时间段内消费的客户发放优惠券。

优惠券使用策略:规定时间,规定商品,订单合计货款金额达到阈值,可使用数量。

思考题

1. 集邮网厅有哪些功能模块?集邮网厅可以在功能方面做哪些改进?
2. 简述集邮网厅的购物流程。
3. 对比社会主流电商的营销方式,集邮网厅的营销功能在现有基础上应如何优化?

实践题

1. 登录集邮网厅,选取一个产品,咨询客服该产品的详细信息,如收藏价值等。
2. 体验集邮网厅的各类业务,给集邮网厅业务的提升或开展新业务提几点建议。
3. 策划一个集邮网厅运营推广活动。

4.3 增值业务

中国邮政的增值业务主要指生活缴费、商旅票务和短信业务3类。

4.3.1 生活缴费

经过多年的发展,邮政承接政府、运营商等企事业单位的生活缴费服务近百种,依托邮政电子商务信息平台和遍布城乡的实体渠道,为百姓提供便捷服务。生活缴费作为一项"刚需"流量型业务,全国年均交易额近千亿元,服务近40亿人次,"十二五"期间累计实现收入近百亿元。

近年来,移动互联网分流了实体渠道生活缴费业务量,为转型发展,中国邮政将生活缴费的线下流量引到线上,带动其他业务的发展。2014年,集团公司投资建设了全国电子商务信息平台渠道前置系统,该系统为各省电子商务信息平台互联网接入渠道的对外统一接口。截至2015年,该系统已经搭载了各地代收手机话费、固话宽带费、水费、电费、燃气费、有线电视费等生活缴费类业务,并通过"邮生活"手机客户端对外发布使用,自推广以来,交易额近百万元。

1. 总体目标及功能结构

根据集团公司整合在线业务平台建设方案,生活缴费业务可实现在PC端、手机App端及微信端等在线渠道提供用户注册、缴费查询、支付等服务。

生活缴费子系统主要由3个模块组成,分别为用户信息专区、业务管理和接口处理三部分。在线业务平台系统与电子商务信息平台渠道前置系统间实时完成数据对接交互。

通过开设的用户信息专区模块,用户可以注册自己的个人信息,建立个人缴费档案,包含姓名、头像、地址、手机号4项信息。用户注册信息存储至在线服务平台数据库中。

业务管理模块通过电子商务信息平台全国前置系统与在线业务平台对接交互数据,实现用户添加常用生活缴费项目,如查询缴费、支付费用、系统信息通知等功能。同时邮政管理人员可查询、打印所需的财务结算报表,完成业务、财务对账,可对业务数据进行统计分析,生成相关业务报表。

2. 业务功能实现

(1) 生活缴费专区

① 界面功能

在线业务平台网上邮局、手机邮局的首页与微信邮局底部上弹菜单提供生活缴费专区,界面风格和标识与邮政在线业务平台的风格一致。用户可通过主页直接查询浏览各类缴费服务项目,已注册并登录的客户点击"缴费服务项",可查询欠费金额,选择充值缴费金额,再进入支付环节,完成支付。只有注册用户才可以缴费,此步骤为必过项。

② 服务宣传

对于在线销售和暂未在线销售的现有生活缴费服务,在线业务平台根据业务需要,提供生活缴费促销、新服务上线等服务宣传。

③ 订单处理

注册用户可根据需求,自行组合所需的生活缴费服务项目,形成个人常用生活缴费列表档案。用户需要通过系统录入缴费账户信息,完善个人生活缴费列表档案,如电表号、水表号、账单号、手机号等。对已注册并登录的用户,可以修改个人相关信息。用户选择需要缴费的项目,系统根据前期用户录入的信息,查询账户欠费情况。

生活缴费利用在线业务平台支持的各种银行卡、第三方支付机构等完成在线支付及安全认证。客户在进行网上支付发生金额不足时,本次交易不能生效。付费成功后,页面显示支付成功,显示缴费名称、交易流水号、缴费日期、金额等信息。已注册并登录的客户,可查询历史缴费记录。

④ 在线客服

生活缴费后台运营管理人员利用网上营业厅的在线客服模块,实现用户的即时信息服务,引导用户使用,并解答客户缴费过程中的疑问。

(2) 业务管理

① 用户管理

用户在网上进行生活缴费时,应首先在在线业务平台中进行用户注册。注册时用户需提供真实准确的客户姓名、手机号码、电子邮箱等注册信息。客户注册通过手机进行验证,注册成功的用户可查询本注册账户下的全部历史缴费信息。各省邮政后台运营管理人员可通过客户管理查询客户注册信息、缴费信息等。

② 销售管理

销售管理包括生活缴费类别管理、服务管理等功能。各省邮政后台运营管理人员通过商品类别管理进行生活缴费类别服务的创建、修改及删除。同时,各省邮政后台运营管理人员通过服务管理,可对缴费名称、缴费区域等信息进行修改、删除。

③ 财务结算

各省邮政后台运营管理人员通过系统后台统计各项财务数据,按订单明细分类、汇总形成相应账务信息,根据账务信息进行资金结算,完成财务报表查询、打印,保证业务、财务数据一致。

④ 业务数据统计分析

各省邮政后台运营管理人员通过系统后台统计各项业务数据分类和汇总情况,需要汇总的数据可按生活缴费分类、按用户信息分类等统计汇总及分布。

(3) 接口处理

① 生活缴费与在线业务平台系统对接

生活缴费与在线业务平台之间实时进行系统对接,完成数据报文交互处理,实现缴费查询、支付、统计等功能。

② 生活缴费与其他第三方系统对接

为实现生活缴费与其他业务板块间的联动发展,其他第三方在集团公司的授权下,可根据电子商务平台渠道前置提供的标准接口规范,实现生活缴费的嵌入搭载。

(4) 安全需求

系统必须保证持续、稳定、安全地运行。重要数据应能及时备份和恢复,对紧急情况应该有相应的应急处理措施,如当硬件平台、操作系统、应用系统、通信线路等出现故障时有相应的措施(备份、补录等)进行解决,使其不影响正常业务的开展。系统中的关键数据进行存储和传递时应加密处理,保证数据的安全。

4.3.2 商旅票务

商旅票务类业务是指邮政企业利用邮政网点终端、信息服务平台、实物配送网络,为客户提供的代理航空票、预订门票与演出票和商旅订房等邮政代理业务。商旅票务类业务是以客户需求为中心,整合11185客户服务中心、电子化支局所等渠道平台,借助航空、铁路、演出公司等资源,且具有鲜明特色的电子商务示范性业务。

1. 代理航空票务业务

代理航空票务业务是一项典型的电子商务类业务。邮政充分发挥网络资源优势,通过整合11185客户服务中心、邮政电子商务网站、电子化支局网点等渠道资源,深化与中航信机票销售合作,稳步提高市场占有率,力争成为国内覆盖最广、渠道最全、政策最优、服务最好的连锁航空机票代理商,逐步打响以航空机票业务为龙头的"邮政票务"品牌。

2010年全国电子商务平台与中航信实现系统对接,全国各邮政营业前台均可实时查询航空客票信息。客户购买机票只需提供姓名、身份证号、航程和时间等购票需求和票务信息,即可到任何邮政电子化营业厅进行机票查询、预订、缴款及行程单打印。在整个客户购票过程中,票务信息通过综合网内部子系统之间的转换,利用营业厅系统实现查询、预订、支付和打印功能,使客户购票方式更加方便、快捷、安全。

(1) 受理渠道

中国邮政航空票务系统采用邮政全国集中运营模式,实现邮政航空票务系统的相关业务处理,主要通过邮政营业网点、11185客户服务中心、邮政网站等渠道进行航空客票的业务处理。目前主要采用邮政网点、11185客户服务中心两个渠道受理客户提出的航空客票预订需求,业务受理人员通过中国邮政航空票务系统完成查询、预订、出票工作,用户通过现金、信用卡等支付方式完成票款支付,邮政各渠道通过相应的业务流程实现行程单的配送及售后服务处理。

（2）业务流程

下面以邮政营业网点为例介绍销售航空票的业务处理。

① 订票流程

邮政营业网点订票流程如图 4-32 所示。

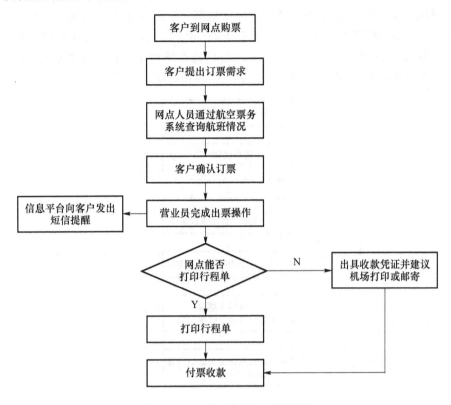

图 4-32　邮政营业网点订票流程

流程说明如下。

- 邮政营业网点通过全国邮政航空票务系统销售航空客票。
- 用户将乘机人姓名、有效证件号码、拟乘航程、航班日期、联系电话、联系人、是否需要行程单、是否要买保险、邮寄地址等信息报网点营业员。
- 网点营业员通过邮政航空票务系统，查询出该航程的航班号、航空公司、航班时间、票价（折扣）、座位等信息反馈给用户。
- 经用户确认出票后，网点营业员完成出票操作，并打印行程单（对不能及时打印行程单的，出具收款凭证，加盖日戳给客户，用户需签字确认。可建议用户到机场打印行程单，或航班起飞后几日内邮寄行程单给用户，或根据用户提供的地址送票上门），根据系统提示收取票款，信息平台向用户发出短信行程提醒。
- 营业结束后，营业员根据航空票务系统打印"邮政航空票务业务销售日报表"；同时，将当日票款全额上缴给对应的财务部门（需要确认是否存入全省统一的机票专用账户，该账户可否实现所有网点的实时网上查询和对账）。
- 营业网点负责变更、退票等售后服务的受理（收、退款）工作，具体操作需提交后台完成最终处理。

② 售后服务流程

用户因特殊原因需要进行退票、变更、签转等售后服务，规定由邮政11185客户服务中心或市（县）票务中心集中受理网点或客户的退票、变更等机票异常处理需求。按照航空公司规定，部分变更、签转服务需要用户到对应航空公司的直属售票处或机场办理。

用户向连入邮政航空票务系统的网点申请退票，退票、变更手续由购票网点进行受理，网点通过信息系统提交到11185客户服务中心〔市（县）级票务中心〕进行处理，完成后11185客户服务中心〔市、（县）级票务中心〕通过信息系统将退票情况反馈给受理网点，网点完成退款、手续费收取、开具退票单等工作。退票流程如图4-33所示。

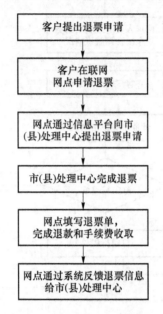

图4-33 邮政营业网点退票流程

2. 预订门票、演出票

中国邮政依托11185客户服务中心、电子商务信息平台、遍布城乡的网点和专业的投递队伍等优势，利用邮政的品牌影响力，通过和全国连锁的演出公司、国家旅游局合作，整合区域性票务业务。全国各省市根据各地情况，成功销售演出类门票、赛事门票等，取得了良好的社会效益，今后逐步将邮政打造成票务销售主渠道。

3. 商旅业务

商旅业务以网络为载体，通过线上展示、受理，采用在线支付和柜台支付两种形式，为用户提供酒店客房的预订服务。商旅业务面向国内外各大企业与集团公司，以提升企业整体商旅管理水平与资源整合能力为服务宗旨，依托遍及全国范围的行业资源网络，以及与酒店、航空公司、旅行社等各大供应商建立的长期良好稳定的合作关系，通过与酒店、民航互补式的合作，为公司客户全力提供商旅资源的选择、整合与优化服务。

"订房宝"是汇通天下专为代理商研发的网络即时酒店预订系统。该系统具有先进的即时预订与同步确认、电子审单等功能，系统内的酒店覆盖范围广，房价及佣金使其具有较高的竞争力。

中国邮政与汇通天下基于"订房宝"的合作主要采取"统谈统签、分省开办"的方式,即集团公司与汇通天下签署合作协议;以中国邮政的名义申请一个系统账号,并在此账号下开设分账号,各省公司使用分账号登录"订房宝"系统,向客户提供酒店预订服务;集团公司与汇通天下统一结算佣金,并按照约定期限将佣金清分到各省公司。

(1) 预订方式

汇通天下"订房宝"系统中的酒店预订分为前台现付型与预付型两种。

① 前台现付型预订

邮政帮助客户在"订房宝"系统中预订好酒店,但并不代收房费,客户到达酒店、办理入住登记手续或离店时,直接在前台支付。

② 预付型预订

预付型预订指的是客户通过邮政系统预订酒店房间,并将全部房费交付邮政。客户到达酒店前台,只需出示身份证即可入住,并且只需支付除房费以外的其他费用,其房费则由邮政与酒店结算。通过此种方式预订的酒店房价较低,故此方式具有较高的竞争力,各省公司向客户报价时,可在"订房宝"系统给出的房价基础上,加上本省应得利润。原则上不允许直接向客户公布"订房宝"系统内的预付型酒店房价,应将其与其他邮政产品打包销售,或向团体客户(预订5间以上客房且同进同出者)提供。

(2) 业务流程

① 前台现付型预订流程

客户致电11185客户服务中心提出酒店预订需求,11185客户服务人员登录"订房宝"系统查询酒店信息,并进行相关预订操作,操作成功后系统将自动发短信通知客户。

② 预付型预订流程

邮政客户经理或网点营业人员向有团体旅游、外出开会等商旅需求的客户确认预订意向,并填写"预付酒店团队预订单",发送到11185客服中心。11185客服人员登录"订房宝"系统查询酒店信息并报价。若客户认同报价,则11185客服人员在"订房宝"系统内通过网上银行或支付宝直接支付房费,完成酒店预订。

若"订房宝"系统内预付型酒店不能满足客户需求,各省公司可向集团公司邮政业务局电子商务处提交预订申请,电子商务处将协助查找符合条件的酒店,通过线下预订。客户认同报价后,相关省公司通过网上银行(或其他方式)及时将房费汇入集团公司指定账户,完成酒店预订。

4.3.3 短信业务

邮政短信业务是依托邮政行业内部业务资源,根据用户的需求,把邮政各专业,特别是邮政储蓄、电子汇兑、窗口速递和集邮专业提供的相关信息以手机短信方式传递给用户的一项增值业务,目前邮政短信业务的主要范畴如图4-34所示。

1. 储蓄短信

(1) 受理渠道

储蓄短信业务受理渠道为营业网点窗口和11185客户服务中心。营业窗口加办和退订是储蓄短信业务受理的主要方式,窗口加办是指利用邮政营业网点业务终端完成业务定制

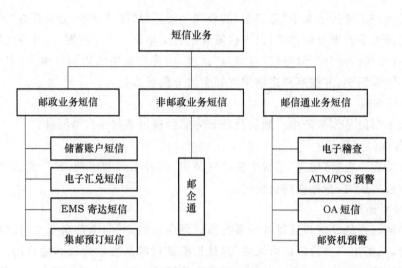

图 4-34 邮政短信业务的主要范畴

的业务受理方式。可以受理储蓄短信业务的营业网点包括邮政储蓄银行网点、邮政储蓄二类网点及代办网点。窗口加办的业务可由网点营业人员提交邮政储蓄账户代扣费(不需运营商代收费)。此类短信业务的退订手续也可通过网点窗口办理。

11185 客户服务中心可对邮政储蓄账户短信的加办、退订提供咨询服务,但不予办理。

(2) 资费管理

储蓄短信业务的资费由集团公司制定和审批,各单位不得自行调整或制定资费标准。各省公司在本地实施促销活动期间的价格优惠,需向集团公司电子商务中心申报,批准后方可执行。储蓄短信业务资费实行按月或按年一次性从账户中扣除。

(3) 操作流程

① 加办

用户持有效身份证件、邮政储蓄活期结算账户或绿卡到邮政储蓄前台申请业务,并按要求将"邮政储蓄短信服务申请书"填写完整,选择需加办的业务种类。

② 撤办

用户持有效身份证件、邮政储蓄活期结算账户或绿卡到邮政储蓄前台撤销业务,并按要求将"邮政储蓄短信服务申请书"填写完整,选择待撤销的业务种类。

营业员审核用户所填内容是否齐全,根据业务调出"中国邮政短信平台"中的"用户撤办"页面,进行业务撤销。

③ 变更

a. 手机号变更

用户持有效身份证件、邮政储蓄活期结算账户或绿卡到邮政储蓄前台变更手机号,并按要求填写完整"邮政储蓄短信服务申请书",营业员审核用户所填内容是否齐全,调出"中国邮政短信平台"中的"手机号变更"页面,进行手机号的变更。

b. 服务变更

用户持有效身份证件、邮政储蓄活期结算账户或绿卡到邮政储蓄前台变更服务类型,并按要求填写完整"邮政储蓄短信服务申请书",营业员审核用户所填内容是否齐全,调出"中国邮政短信平台"中的"服务变更"页面,进行服务类型的变更。

c. 账户别名变更

用户持有效身份证件、邮政储蓄活期结算账户或绿卡到邮政储蓄前台变更账户别名,并按要求填写完整"邮政储蓄短信服务申请书",营业员审核用户所填内容是否齐全,调出"中国邮政短信平台"中的"别名变更"页面,进行账户别名的变更。

2. 汇兑短信

邮政电子汇兑短信业务是为邮政电子汇兑用户开通的一种利用手机短信功能提供汇兑回音的服务。即用户汇款兑付复核后,由邮政短信业务处理系统将简单的兑付情况发送到汇款人指定的手机上。该业务只能在收汇时受理,不能事后加办。汇兑短信业务实行单条计费,用户在前台加办时收取费用。

(1) 受理渠道

汇兑短信的受理渠道为邮政储蓄银行及邮政企业下属的所有汇兑网点。联网网点由营业前台受理,手工网点由其所属的市县中心补录完成。

(2) 资费管理

汇兑短信按条收费,收费标准为每条 1 元,现金收费。

(3) 操作流程

① 加办

用户在办理汇款业务时,营业员可以询问用户是否使用中国邮政汇款短信回音业务。如用户同意使用,则请用户填写中国邮政汇款短信业务申请书(汇业 022)。营业人员为用户办理汇款短信回音业务,办理后将打印单据交用户审核、签字。

② 撤销、查询与赔偿

用户办理短信业务申请后,不能办理撤销及加办手机号码变更事宜;邮政局将根据汇款汇出/兑付等状态,对客户申请的业务及时做出答复。

客户未收到短信的,可持"邮政储蓄短信服务申请书"到邮政查询,或拨打邮政客服电话查询。凡是非客户原因造成的,邮政将赔偿相关短信服务费,其他损失不予赔偿;凡是客户原因造成的,如用户手机号码填写错误、通信终端关机或不在服务区、用户手机号码被列入运营商黑名单、用户手机欠费等,责任自负;凡是运营商网络原因造成的,邮政不承担责任。

3. 速递短信

EMS 寄达短信业务是基于全国邮政短信业务接入系统和邮政速递综合信息处理平台开发的增值业务,以短信形式为用户提供与邮政速递邮件相关的信息通知服务。EMS 寄达回音业务按件计费,用户在窗口交寄 EMS 邮件时提出加办申请,经过后台处理,其所寄 EMS 邮件被收件人签收后,寄件人指定手机将收到妥投短信。该业务覆盖中国移动、中国电信、中国联通等运营商所有号段。

(1) 受理渠道

速递短信的受理渠道为邮政企业下属的所有邮政联网网点,由营业前台直接受理。

(2) 资费管理

速递短信按条收费,收费标准为每条 1 元,现金收费。

(3) 操作流程

① 加办

用户在邮政营业窗口办理 EMS 邮件寄递时,营业员可以询问用户是否使用该业务。如用户同意使用,则要求用户填写"EMS 邮政速递短信业务申请单",留下短信接收号码,并选择使用 EMS 邮件寄达回音业务。营业员在核对用户所留短信接收号码后,再进行相关业务操作。

② 撤销、查询与赔偿

用户办理短信业务申请后,不能办理撤销及短信接收号码变更事宜;邮政将根据 EMS 邮件投递及签收状态,对客户申请的业务及时做出答复。

客户未收到短信的,可持"EMS 邮政速递短信业务申请单"到邮政查询,或拨打邮政客服电话查询。凡是非客户原因造成的,邮政将赔偿相关短信服务费,其他损失不予赔偿;凡是客户原因造成的,如用户手机号码填写错误、通信终端关机或不在服务区、用户手机号码被列入运营商黑名单、用户手机欠费等,责任自负。

4. 集邮短信

集邮短信业务是在全国邮政短信业务接入系统的基础上,依托集邮业务管理系统,通过中国移动、中国联通、中国电信等运营商的移动平台,为用户提供的短信服务。开办的业务种类有新邮预订通知、新邮预订征订、预订取票通知、集邮品推荐 4 种集邮短信业务。

(1) 受理渠道

集邮短信可通过集邮联网网点窗口定制方式加办。

(2) 资费标准

新邮预订通知短信、集邮品推荐短信免费使用;新邮预订征订短信接收免费,用户回复的短信只需支付短信通信费;预订取票通知短信按年一次性在窗口缴纳服务费,目前资费标准为每年 10 元。

(3) 操作流程

① 加办

客户在办理新邮预订业务时,营业员可以询问用户是否使用预订取票通知业务。如用户同意,则可为用户办理加办短信通知业务。用户需填写"中国邮政集邮业务短信申请书"。营业员收取定制费用后,将申请书内容输入系统并提交,绑定手机成功后提供回显信息。客户在打印回单上签字确认。

② 查询、撤办

如需查询集邮短信,营业员在系统中可以输入手机号码或关联账号进行查询,系统将调用"增值业务查询"服务,并将查询结果返回查询界面;如需撤办集邮短信,选择撤办后系统将调用"增值业务删除"服务,撤办后用户资费不另外退还。

思考题

1. 商旅票务能够实现的代理业务有哪些?
2. 预订航空票的受理渠道有哪些?

实践题

1. 下载邮生活手机 App,找出其业务哪些属于生活缴费业务。
2. 下载邮生活手机 App,实现快递查询功能。

4.4 简易险项目

4.4.1 简易险项目概述

1. 项目背景

随着人们生活水平的不断提高、保险意识的不断增强以及保险环境的日益成熟,中国保险市场发展潜力越来越大,据中国保险监督管理委员会发布的数据(见表4-4),2017年原保险保费收入为36 581.01亿元,同比增长18.16%;其中与人们生活息息相关的非车险(意外险、财产险、寿险等简易保险)增幅更为明显,比如,人身意外伤害险2017年保费收入901.32亿元,同比增长20.19%。由此可见,中国保险市场发展迅猛,前景广阔,其中简易险发展态势更加不容忽视。

表4-4　2016—2017年保险业经营情况对比表

项　　目	2016年数据/亿元	2017年数据/亿元	增　　长
原保险保费收入	30 959.10	36 581.01	18.16%
财产险	8 724.50	9 834.66	12.72%
人身险	22 234.60	26 746.35	20.29%
(1)寿险	17 442.22	21 455.57	23.01%
(2)健康险	4 042.50	4 389.46	8.58%
(3)人身意外伤害险	749.89	901.32	20.19%

邮政一直代理着保险业务,之前的车险、期缴类健康险代理销售体量巨大,简易险这个利润可观的新险种,是适合邮政发展的好业务,然而邮政要发展简易险有一个短板,那就是其没有自己的业务受理系统。

对此,省市邮政有两种解决方案:使用保险公司系统和使用自行开发系统。使用保险公司系统存在一定弊端:一是订单数据全部来源于保险公司,对账结算不够严谨;二是客户信息也都在保险公司系统,不利于邮政客户信息的留存和分析,对于以后续保或者其他相关业务的拓展有所限制;三是无法精准统计营销员的销售情况。而省市自建系统则需要技术过硬的开发团队才可进行开发工作,但是各地重复开发又会形成资源浪费。

中国邮政电商运营中心于2015年成立后,一直致力于在线业务平台的开发运营及邮政"互联网+"探索,简易险业务支撑系统就是邮政"互联网+"探索的一个成果,解决了省市开办简易险业务的需求与无自主系统使用的矛盾,2016年3月中国邮政电商运营中心经过研讨规划,决定开发一个能支撑全国省市开展简易险业务的线上出单系统。

2. 项目定位

简易险项目是为支撑各级邮政代办简易保险业务而开发的包括微商城、PC出单系统和后台管理系统在内的信息化业务支撑系统,可实现简易保险业务在线查询、销售、出单、统计、清分等一站式全流程闭环支撑。

3. 系统架构

简易险业务支撑系统主要分为两个部分:一是业务受理系统,包括保险微商城及PC出单系统;二是基础管理系统,包括保险业务后台管理系统和营销管理系统。保险微商城及PC出单系统都是出单的渠道,输入用户的投保人、被保人信息即可即时出单,客户自己也可查看自己的订单;PC出单系统可以帮客户打印电子保单。后台管理系统提供查看订单、查看产品、导出结算报表等功能;营销管理系统则主要是为营销员营销注册、绑定、业绩统计查看等提供支撑。简易险项目系统架构见图4-35。

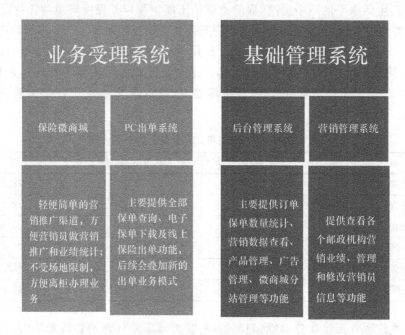

图4-35　简易险项目系统架构

4. 项目特点

(1) 专为全国有需要的邮政单位提供系统支撑服务

中国邮政电商运营中心组建了简易险开发小组,包含开发组、设计组、产品组,专门负责系统搭建、保险公司对接、产品对接和省市运营服务,可为全国系统提供强有力的支撑。简易险系统设计、搭建的框架及数据处理模型均是以支撑全国为考虑,系统的兼容性比较强,系统稳定、专业。

(2) 与保险公司实时对接系统,保险资源全国共享

- 系统统一对接保险公司系统,实时出单,一套接口全国适用。
- 投保人、被保人信息,订单信息等系统均有记录,可供查询。

- 全国、省市对接的所有产品均可在系统内查看到,省市可共享资源为省市与保险公司洽谈合作产品提供参考,同时也方便省市选择快速对接系统内已经与保险公司对接好的保险产品。
- 系统支持同一个产品在某个省不同地市设置不同的代理费率。

(3) 新型见费出单模式,保费直接进保险公司账户
- 简易险微商城与保险公司是见费出单模式,用户投保填写信息并提交订单后,跳转到保险公司支付页面,支付成功后保费直接进入保险公司账户。
- 减少非见费出单模式下可能出现的因保险资金滞留邮政,尚未给到保险公司而客户出险后会有理赔纠纷的风险。
- 支付成功才会出单成功,用户马上会收到短信及电子保单,避免投保不成功客户不知道的情况出现。
- 不受微信订阅号的相关限制。
- 便民服务站等渠道接入以后,资金管理更规范。

(4) 有省市专属保险商城分站,可以接入省市个性保险公司及产品
- 各省市配置省市专属微商城,上面销售省市自己选择要销售的保险产品。
- 接入集团统谈的保险公司,也可以接入省市自己谈的保险公司;支持省级统谈的保险商品接入,也可以支持市级别的个性产品接入。
- 保险商城上有全国商城、省商城、市商城,开展业务的时候会有专属的商城链接,可以放在自己的微信公众号上。

(5) 系统自带营销功能,方便营销员随时随地营销保险、统计业绩
- 简易险系统具有营销员录入、绑定、发展客户、业绩查看、客户管理、营销排行等功能,方便营销员营销业务。
- 有营销管理系统,营销员绑定手机号后,在微信或者前台出单的业绩都能在"我的营销中心"中查看。
- 业绩统计到区县、网点、营销员,根据客户投保选择的投保区县,业绩计算到该区县,根据营销员营销情况将业绩记录给营销员,根据营销员所属机构将业绩计算到该机构,可统计营销员所属网点业绩。

4.4.2 类似企业保险商城应用对比

在网络市场上,保险商城的应用分为自家直销类和合作代销类,《用户体验要素》一书中提到,通常的竞品分析可以从战略层(产品定位、用户需求)、范围层(主要功能)、结构层(信息框架)、框架层(交互设计)、表现层(视觉设计)和商业模式6个维度进行切入,在本节中主要注重其中几个方面对其进行竞品分析。

以下是市场中一些比较有知名度的保险商城。

(1) 直营类

直营类指保险公司自己开发、运营、推广、维护的直营商城,目前市场上做得比较好的主要是众安保险、中华保险、人寿保险、平安保险、泰康保险等。

(2) 代理销售类

代理销售类指有代理资质的第三方保险代理机构,其开发运营的网站汇集了各大保险

公司的产品,这类网站与中国邮政官微的微商城类似,主要网站有新一站保险网、中民保险网、向日葵保险网、梧桐树保险网等。

简易险微商城与其他保险公司的对比分析如下。

1. 相似之处

简易险微商城与其他保险网站相比,相似之处有:首先都是基于移动互联网手段开发的简易险商城;其次是出单模式相同,都是见费出单,用户线上缴费以后,保险公司出单成功,发送短信通知保单;最后是功能相似,大多都分为保险产品展示、搜索、产品详情查看、在线下单、查看订单、查看保单、个人中心管理等功能。只是在页面或者细节上大同小异,具体如下。

通过图 4-36 可以很清晰地看到中民保险网和新一站保险网都是广告栏、产品搜索栏和产品分类栏的布局,与新一站保险网相比,中民保险网缺少了导航栏,但其推荐产品和保险分类快捷栏是相当便捷的,而简易险微商城结合了两者的利弊并且优化了导航栏的体验(导航悬浮按钮)。

图 4-36　简易险微商城与中民保险网、新一站保险网首页对比

图 4-37 显示,简易险微商城在产品页中增添了一个显著的产品二维码功能,能帮助营销员更便捷地推销产品。

从图 4-38 的产品列表中可以看到,新一站保险网和中民保险网是非常相似的,均是筛选栏配合产品信息,而简易险微商城在该页面将详细产品信息隐藏,配上更具辨识度的产品图,旨在帮助用户更快地找到自己的目标产品。

2. 主要区别

简易险微商城与其他竞品相比有两点不同。一是目标用户不同,市场上的保险商城主要用户是对保险有需求的普通民众,主要靠自然流量获客。而简易险微商城是一个业务支撑系统,主要为营销员提供营销工具,因此简易险微商城首先面对的用户是营销员,其次才是普通客户。二是商城架构不一样,其他保险公司主要是一个全国性商城,保险产品支持全国购买,而简易险微商城则根据省市需求,为不同省市上线专属合作产品,专属站点上的产品只支持本地购买。

图 4-37　简易险微商城与中民保险网、新一站保险网产品页对比

图 4-38　简易险微商城与中民保险网、新一站保险网产品列表对比

4.4.3　系统功能介绍

1. 简易险微商城功能介绍

简易险微商城的业务功能包含了面向普通客户(购买保险产品的客户)和营销经理(邮政营销员)两大类相关功能,这两大类功能里包含了保险搜索、介绍、收藏、购买、查询和业绩统计查询、排名通知等基础功能和特色服务。下面分别列举一下简易险的具有特色的基本

功能和操作。

（1）普通客户相关功能

功能1：自动定位及选择城市功能。

功能2：3种途径的搜索保险功能（见图4-39）。

图4-39 搜索保险产品的3种途径

- 在首页顶部导航栏区，点击搜索图标，进入搜索页面，可以输入产品名称、保险公司名称进行投保。
- 在首页快捷保险分类入口，点击"分类"即可搜索到相应保险产品。
- 在产品列表页面，点击"筛选"，搜索相应保险产品，可以根据保障类型、期限、保险公司、合适人群、销量、价格进行筛选。

功能3：查看产品详情及套餐（见图4-40）。

- 产品名称、简介、价格、保障期限、承保年龄、适用人群、销量等基本信息展示。
- 在售套餐情况，如A款、B款以及它们各自保障的内容、保障的金额以及保费。
- 界面还会显示投保须知、常见问题、投保案例，并且投保须知里面有保险条款和免除责任及注意事项，客户需要时可以点击查看。

功能4：收藏保险产品。

功能5：购买保险产品。

- 点击产品详情页面底部"立即购买"按钮，开始购买流程。

图 4-40 产品详情界面

- 填写投保人、被保人信息。
- 提交订单之后,勾选同意投保声明,选择支付方式并进行支付。
- 支付成功后,将收到保险公司发送的购买成功及保单告知的短信,在个人中心可点击查看我的订单。

功能 6:通过投保手机号查看我的所有订单。

- 客户在个人中心,点击"我的全部保单列表",进入保单搜索页面。
- 输入投保人手机号,获取验证码并验证无误后,可以搜到客户在微商城或 PC 端自己购买的或营销员帮助购买的全部保单。

(2) 营销经理相关功能

功能 1:绑定营销员。

- 营销员在营销员录入页面录入自己的信息后,到保险微商城,进入"我的个人中心"页面。
- 点击"绑定手机号"按钮,填写之前录入的手机号码,如果该手机号码确认是营销员的,则可以通过验证码成功绑定。
- 绑定成功后营销员的个人中心会增加一个"我的营销中心"入口。

功能 2:查看"我的营销中心"。

- 营销员绑定成功后可前往"我的营销中心"。

- 营销中心的主要功能有查看营销员业绩、我的客户、我的专属二维码、我的营销排行、我的客户待支付订单、我的客户待续保订单。

功能3:营销员发展客户。
- 在"我的营销中心"点击"我的专属二维码",让客户扫描二维码并成为营销员的专属客户。
- 营销员登录以后,所有简易险微商城的页面都带有营销员的参数,分享成功后页面上会有提示"您已经成功分享带有营销员参数的链接"。
- 在每个产品详情页面,下拉顶部右上角导航栏,点击"生成产品二维码",可以生成一个带有营销员参数的产品二维码。

功能4:营销员客户管理功能。
- 营销员点击"我的营销中心"里"我的客户",可以查看自己发展的客户情况,可以看到今日新增的客户数量和客户的总数量。
- 继续点击可以查看每个客户的详情(该客户买了多少单,一共多少钱,等等)。

功能5:营销员业绩统计功能。

点击"我的营销中心"里"我的业绩",营销员可以看到归属给自己的全部订单数量、订单总额,并可以看到每天的订单总量。

功能6:营销员业绩排行功能。

点击"我的营销中心"中"我的营销排名",营销员可以看到自己在本机构、本年、之前的每个月的营销排行情况。

功能7:到期订单提醒功能。
- 营销员即将到期的保单在过期前7天会做过期提醒。
- 营销员点击进入到期提醒会查看到该订单,方便联系客户续保。

功能8:营销员的系统通知功能和营销文章功能。
- 点击"我的营销中心"的"重要系统消息",营销员可以看到自己接收到的系统通知,并且可以点击详情查看具体的通知单位、日期,还有其详情等信息。
- 点击"我的营销中心"的"营销文章推广",营销员可以看到自己接收到的营销文章,并且可以点击详情,查看具体的推文、日期、关联产品,还有其详情等信息。

2. 简易险后台管理系统主要功能介绍

在项目的运营中,整个项目的运作管理依托中国邮政全国电商运营中心自主开发的简易险业务管理系统提供的功能,见表4-5。

表4-5 简易险后台管理系统

系统功能	功能分类	具体功能
保险管理	品牌管理	基础配置信息,由运营中心管理
	保险公司管理	基础配置信息,由运营中心管理
	分类管理	基础配置信息,由运营中心管理
	合同管理	根据省市上报的与保险公司的合作信息,新录入一个合同关系,将合作产品添加到合同中,配置产品费率、可销售地区等信息,可查看合同详情
	保险产品管理	可查看本分站可销售的所有产品,可选择是否显示在微商城

续表

系统功能	功能分类	具体功能
订单管理	订单查看、导出表格	可查看到所有订单,并查看订单详情,导出报表
	保单查看、导出表格	可查看到所有订单,并查看订单详情,导出报表
	无营销员保单	可以将无归属的保单指派给具体营销员
	指派订单跟踪	查看将订单指派给营销员的操作记录
营销管理	营销员业绩管理	可统计到全部营销员每人的营销业绩,并进行排序或者导出报表
	营销员数量管理	可统计到该机构下全部已经入库营销员的数量,并统计出有简易险订单业绩的营销员数量
	机构营销业绩管理	可以统计到该机构及其下属机构的简易险业绩
统计及财务结算	地区业务统计	统计某地区及其下属地区的业务订单量、订单额等数据并可导出报表
	产品业务统计	统计某产品的销售数据并可导出报表
	保险公司业务统计	统计某保险公司的业务发展数据并可导出报表
	渠道业绩统计	统计省市在各个渠道的保险出单情况
	微店业绩统计	统计营销员微店使用情况
	财务结算功能	根据签约合同,查看合作产品应结算数据,并生成、导出结算报表
	客户信息统计	统计各个投保人下单情况,方便与金融客户数据做对比
其他功能	系统管理功能	广告管理、地区管理、屏蔽下单、日志管理、专题管理、通知管理等
	微商城管理功能	角色管理、权限管理、系统用户登录账号分配、密码修改、信息编辑等

简易险后台管理系统可以对各省市的营销员、产品以及数据进行管理并满足各种需求,如省市需要日常统计营销数据、订单信息等,都可以用运营中心分配好的管理账号进行登录并获取。

4.4.4 简易险微商城的项目管理

该项目主要有以下工作内容。

1. 对接保险公司接口

需要与保险公司对接接口,对接的保险公司有两种,一种是集团合作签约的保险公司,另一种是省市自行洽谈合作的保险公司。均采取见费出单的对接模式,双方确定合作对接人之后,开始对接,邮政需要写好需求,告知保险公司合作的模式是见费出单,保费直接通过网络支付进保险公司账户。产品详情页面、投保信息填写页面由邮政开发,主要是调用保险公司接口并实现投保,接口大致流程如下。

- 申请投保,调用保险公司接口申请投保。
- 请求支付,申请投保成功后,到保险公司支付页面进行支付操作。
- 支付成功后,由保险公司主动通知投保人邮政保单号等信息。

对方确定可以对接,召集保险公司技术人员开会,讨论需求,查看接口文档是否满足接入需求,确定双方开发时间并排期等;确认接口文档及对接时间以后,邮政和保险公司技人员一起对接调试接口,大概 20 天左右完成。

接口调通以后可以供全国邮政使用,无须重复对接。

2. 接入保险公司产品

在保险公司接口调通以后,省市邮政公司可以准备与保险公司谈合作、产品、费率、结算周期,然后上报申请,接入商城,统一管理全省产品洽谈、销售、结算;省市邮政公司谈妥并准备好产品以后,需要填写业务申请并上报集团进行对接。接入产品分以下几步。

首先,让保险公司将省市邮政公司与其合作的合同和产品以及对接需求上报给保险公司总部,让其总部备案、配置邮政出单机构、排期配置产品等。

其次,保险公司将合作保险产品信息(主要是名称、套餐、保障内容、保费、保障条款、投保须知等内容)提供给邮政电子商务运营中心,并进行后台产品信息的录入、产品页面的开发和测试。

最后,保险公司总部确定这些产品可以在邮政微商城销售,双方调试产品接口,在环境测试无误后即可上线。

3. 功能开发及系统优化

为了保证最大可能地支撑全国邮政简易险业务的开展,需对系统进行不断的优化和调整,并开发新功能。新功能需求可来自省市公司提出的个性化需求、通过研究竞品取长补短新增的功能、根据业务发展需要和对未来的预判提前部署的新功能的需求开发。

确定新需求之后,需要绘制原型、拟写需求、开发功能、测试、上线部署。经过不断升级优化,目前简易险系统已经能满足省市业务开展的需要。

4. 系统推广及运营支撑

项目开发好以后需要做推广运营,运营支撑主要有以下几个方面的内容。

- 组织培训工作,系统开发好后需要做系统操作手册、使用说明、培训 PPT、各种申请表、管理办法等,并组织远程或者实地培训,让省市公司尽可能熟悉系统。
- 提供设计支撑、设计展架、设计海报、设计活动专题页面,设计产品图片等。
- 提供运营支撑,收集优秀经验并进行分享,做好省市活动支撑等。

4.5 邮 印 象

4.5.1 邮印象项目简介

邮印象是一个基于传统函件特有产品及寄递优势,利用互联网手段,满足用户通过实物介质实现情感纪念与传递的线上平台。该项目是旨在为用户提供线上明信片、照片书、同学录、影像杂志、T 恤衫、台历挂历、摆件、写真海报、照片冲印、马克杯等趣味印品个性化定制服务的 C2B 平台。

其他企业类似项目应用情况对比如下。

邮政和互联网企业所推出的个性化定制服务,都是为了满足电子化信息传递时代人们对温情信息沟通的需求。但是服务内容确有明显的差异,尤其是邮政利用自身拥有的强大独家资源推出了个性化明信片、个性化邮票、邮戳、封片等多种定制化产品。

1. 互联网公司个性化定制服务

成熟互联网公司很早进入了个性化主题定制品市场,他们独立经营纯商品性的定制服务,典型的有网易——印象派、新浪——炫我明信片。

(1)网易——印象派

印象派由网易创建于2008年,主要提供纯商品性质的明信片、照片书、台历挂历、文化衫、配饰、工艺品的定制服务。

优势是产品丰富、体验流畅,有较高的产品质量和服务水平,网易强大的导流及推广能力使其人气活跃,成交量稳定。

劣势在于购买场景单一,没有移动端,很容易被淘宝小店取代。

(2)新浪——炫我明信片

炫我明信片是新浪于2012年10月22日推出的基于手机端的个性化明信片定制软件。

优势是功能强大,使用场景丰富,提供模板和即时拍照定制两种图片编辑功能,支持手写笔迹和涂鸦,使产品更富有温度和人情味,独一无二的留声二维码可实现录制声音、视频附带并发送给朋友,支持虚拟邮票和自定义邮戳等。

劣势在于产品单一,仅有明信片一种。

2. 邮政企业个性化定制服务

邮政企业利用自身产品资源优势推出多种个性化定制服务。

(1)南京邮政和西祠胡同——我爱明信片

我爱明信片是南京爱西柚网络科技有限公司与南京邮政联合在2012年8月29日推出的可以随时随地个性化定制、真实投递明信片的手机应用。其产品特色是支持将声音转化成二维码,印在明信片上寄出,使祝福不仅看得见,还听得见。除此之外,我爱明信片还拓展了企业定制需求,如门票、企业宣传册、名片、广告页、演唱会入场券、会展入场券等批量策划定制。截至目前,我爱明信片下载量将近70万次。

(2)广州邮政和微信——微邮筒

微邮筒是2014年7月9日广州市邮政局与微信合作推出的手机个性化明信片定制业务,可通过手机编辑并制作明信片,然后发送给亲朋好友,目前在微信上只有一个服务号,名字叫做"微邮筒"。

产品特色如下。

首先提供的是自助式明信片的制作。微邮筒可以引导客户自助完成照片的上传、明信片内容的编辑,帮助用户将制作好的明信片寄递出去。

其次提供留声二维码功能,编辑明信片可以附带语音留言,留言以二维码的形式存在于实物明信片上,用户扫描二维码可听到留言。

最后提供个性邮戳,微邮筒应用在微信上,每个版本的更迭都会制作一枚纪念邮戳,目前有微信系列邮戳可以供用户选择使用。

(3) 广东邮政——邮乐印

邮乐印是广东邮政推出的集函件、集邮和报刊业务于一体的个性化定制网站,提供纯商品性质的照片书、台历挂历、卡片、T恤衫、饰品的定制服务,重点推出邮票的私人定制。

其优势是产品种类丰富,突出邮票的个性化定制功能。

其劣势在于网站还在建设中,功能尚未完善。

4.5.2 邮印象的使用技巧

邮印象 App 主要分为 5 个功能模块,分别是"首页""分类""发现""作品""我的"(微信版只有"首页""作品"及"我的")。

①"首页"(见图 4-41)提供邮政独有的个性化明信片定制业务,同时也涵盖了照片书、同学录、影像杂志、台历挂历、摆件、写真海报、照片冲印、T恤衫、马克杯等趣味印品个性化定制服务。

图 4-41 邮印象 App"首页"界面

②"分类"模块(见图 4-42)汇聚九大定制分类,囊括 30 多种定制产品,方便用户快速检索心仪产品。

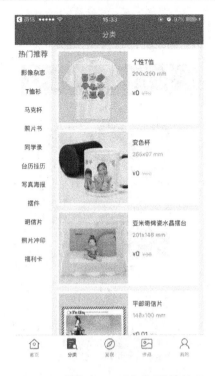

图 4-42 邮印象 App"分类"模块界面

③ "发现"模块(见图 4-43)主要是发布人气产品促销、热门话题互动、精品活动,以增强用户黏性,提高使用频率,提升平台吸引力。

图 4-43 邮印象 App"发现"模块界面

④"作品"模块(见图 4-44)用于对个人作品进行管理,方便用户通过时间筛选及品类筛选快速查看作品,实现二次编辑、作品分享、下单印制功能。

图 4-44　邮印象 App"作品"模块界面

⑤"我的"模块(见图 4-45)用于管理订单、地址、福利卡、优惠券、奖品等信息,以及提供版本更新、客户服务、使用帮助等辅助功能。

图 4-45　邮印象 App"我的"模块界面

- 全部订单：可查看邮印象 App 内所有待付款、已付款等订单详情。
- 待支付：可查看邮印象 App 内所有待付款订单详情。
- 待收货：可查看邮印象 App 内所有待收货订单详情。
- 我的作品：可查看邮印象 App 内用户已定制过的明信片、照片书、同学录、台历挂历、摆件、写真海报、照片冲印等列表，可进行一键分享，并可再次下单定制。
- 我的地址：可查看邮印象 App 内用户的邮寄地址，并可对其进行管理，如新增、编辑、删除、设置默认地址等。
- 我的福利/礼品卡：可查看邮印象 App 内用户可使用的福利卡信息。
- 我的优惠券：可查看邮印象 App 内用户可使用的优惠券信息。
- 我的奖品：可查看邮印象 App 内用户参与活动抽奖获得的奖品信息。
- 我的客户经理（或我的营销中心）：作为用户可查看客户经理个人信息及分享二维码，作为客户经理可查看业绩统计，实现了客户与营销员业绩绑定，可以清晰地记录营销员的营销业绩和客户明细。
- 设置：可查看邮印象 App 的版本信息、使用帮助、分享应用等功能。

4.5.3 定制业务流程介绍

（1）定制流程介绍——微信版

因微信平台限制，无法批量上传图片，只能一张张图片上传编辑。若想要快速制作作品，建议下载邮印象 App，体验一键定制功能。

以照片书为例：首页点击"照片书"—选择喜欢的材质和尺寸—马上定制—选择模板—点击空白区域上传图片—保存作品（点击"+"可再编辑）—加入购物车（下单印制）—提交订单—确认付款。

（2）定制流程介绍——App 版

以 T 恤衫为例介绍定制流程，首页点击 T 恤衫展示图—选择尺码等参数—马上定制—选择模板—选择图片—预览（点击图片可再编辑）—保存作品—加入购物车（下单印制）—提交订单—确认付款。

思考题

1. 新零售时代下，个性化定制模式将给中国邮政带来哪些新契机？
2. 思考传统企业实现线上线下一体化融合的策略。

实践题

体验邮印象微信版和 App 版，并分析两者的差异及各自的优劣势。

4.6 邮惠万家

4.6.1 邮惠万家项目简介

1. 项目背景

随着互联网技术的进一步发展,新的技术平台催生了一系列的商业服务模式,其中本地生活服务俨然已经成为重要的产品领域,从互联网商圈到传统企业,从各大巨头到各创业团队都在进行探索实践,各大银行也积极涉足本地社交生活领域,纷纷推出自身的主打产品,发掘本地消费、服务类等高频业务的社交属性,拓展新的客户服务模式。如东莞农商银行2016年推出O2O"荷包社区"(见图4-46),其涵盖了社区业主"医、食、住、行、财"等一系列生活消费服务,自称是东莞市民首个"家门口的电商平台";中国建设银行也在整合多种支付渠道,为商户推出融聚合支付、客户拓展、财务管理于一体的"慧兜圈"业务平台(见图4-47)。对邮政而言,近年来,邮政传统信函类等业务已逐年走下滑路线;物流市场竞争激烈,邮政最后一公里投递优势逐步消失;金融、物流、渠道等资源未能有效整合并形成合力;跨界竞争对邮政公共服务平台和主营业务代理金融形成了巨大的冲击。这种情况下,邮惠万家项目的开发和运营成为大势所趋。

图 4-46 荷包社区(微信端)

图 4-47 慧兜圈(微信端)

2. 项目定位

邮惠万家就是致力于打造"移动互联网+邮政"金融客户服务体系,拓展出新的客户服务模式,为抢占未来发展的制高点赢得时机。

项目的核心之一是引入本地生活服务商家,在移动互联网时代,互联网金融快速普及和高效发展,城市的零售银行业务离柜化越来越严重,基本很难在网点能够有效地接触客户,线下客户的生活场景无非就是在家、在公司、在路上、在消费,在家和在公司并不是合适的营销场景,那么最合适的场景就是在消费,也就是在本地商家。项目主要价值概括起来是以下5点:一是客户分级服务,根据客户资产情况能够获取到客户对应的金融等级,在此基础上实现精准营销;二是整合社会资源即本地商家,撬动商家回馈更多的优惠;三是拓宽线下渠道,所有签约商家成为邮政泛渠道;四是低成本高效营销,面向海量的用户,只有通过移动互联网的手段才能实现低成本高效营销;五是新竞争优势培育,新竞争要素就是围绕着移动互联网时代,按照移动互联网思维开展邮惠万家项目,这有利于新竞争优势的培育(接触、转化、活跃、主账户)。

邮惠万家项目聚焦中低端客户,因为其基数大且有较大的价值,高端客户并不是项目维

第 4 章 邮政电子商务业务

护的重点。此外项目聚焦于账户资产,平台建立不是为了商业化运作,也不是为了从商家或用户的购买行为中获取利润,而是建立在客户服务和维护基础上,利用分级体系,有效地引导用户去提升账户资产,并且这种提升资产的动作是不需要用户花费额外成本的。

因此,邮惠万家是基于客户分级与积分应用的移动互联网服务营销平台。通过整合市、县网点周边优质生活服务资源,构建基于代理金融客户的综合服务营销平台,实现对代理金融各重点客群的低成本、高效率活动营销,助力代理金融业务快速发展。

4.6.2 邮惠万家各系统定位功能的对比

1. 与邮储银行手机银行、邮储银行积分系统的对比

从系统定位上来看,邮储银行手机银行(图 4-48)是利用移动通信网络办理相关银行业务的终端,并附加了除金融业务外的生活服务办理等增值业务。邮储银行积分系统是以金融客户资产为基础的为客户提供积分兑换的服务系统,应用渠道主要为线上商城。邮惠万家系统则是立足于打造以联合本地商户为基础的区域生活圈金融生态体系,通过用户分级、积分应用、商户回馈等差异化服务,促使客户提升资产的服务营销模式,其形成价值闭环。

图 4-48 邮储银行手机银行首页

从功能上来看,手机银行是金融业务的办理工具,积分系统是积分输出系统和 B2C 渠道的应用平台。而邮惠万家则是提供本地吃喝玩乐消费类服务的客户分级和积分应用工具。

2. 与金融客管系统、邮政会员系统、"邮惠付"聚合支付的对比

金融客管系统为邮惠万家提供金融客户的等级和身份认证数据；邮政会员系统为邮惠万家提供积分使用；"邮惠付"聚合支付为邮惠万家提供支付方式；广东邮政金融公众号为邮惠万家的主体（载体），各地市微信公众号可同步接入。

4.6.3 邮惠万家系统架构和功能

1. 平台系统构架

邮惠万家平台包括前端系统、后台系统和对接系统三部分内容，具体如下。

前端系统：含用户端（图4-49）/商家端（图4-50）微信版（图4-51）与App版本（图4-52）。用户端以微信版为主，允许各省市微信公众号多渠道接入。

图4-49 邮惠万家用户端图标

图4-50 邮惠万家商家端图标

图4-51 邮惠万家用户端首页（微信端）

图4-52 邮惠万家商家端——我的

后台系统:含项目运营管理员后台(图 4-53、图 4-54)与商家后台(图 4-55)。

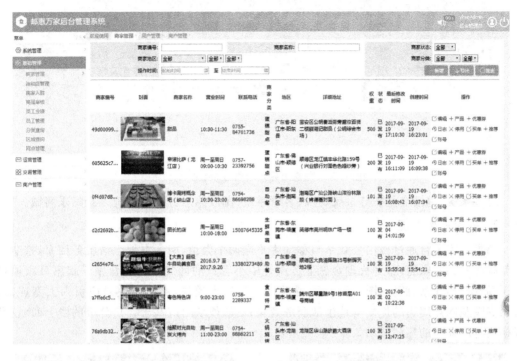

图 4-53　邮惠万家后台管理——商家管理(运营管理员后台)

图 4-54　邮惠万家后台管理——新增商家(运营管理员后台)

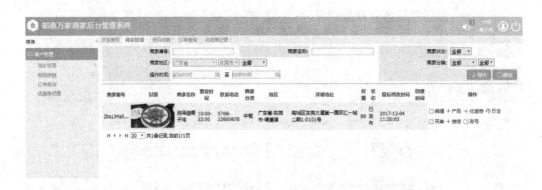

图 4-55　邮惠万家后台管理（商家后台）

对接系统：包括会员积分系统、金融客管系统、邮政第三方支付系统以及邮乐商城。

2. 平台主要功能

邮惠万家平台通过微信公众号与移动客户端两个渠道，引入本地生活服务商家，打造移动互联网的邮商联盟，帮助代理金融业务做好中小客户的低成本快速营销。邮惠万家项目应用场景包括商家、商城（图 4-56）、发现（图 4-57）三大模块，商家模块对应引入大型连锁、著名商圈及网点周边的优质本地生活服务商家；商城模块对应基于客户分级的线上商城；发现模块对应即时的热门活动。

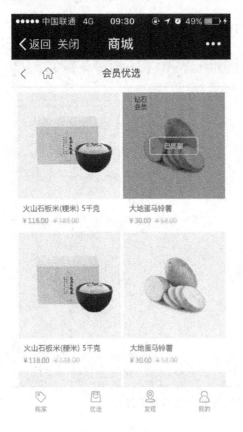

图 4-56　邮惠万家——商城

图 4-57　邮惠万家——发现

邮惠万家系统在会员端和商家端实现了不同的功能。在会员端提供了差异化增值服务（图 4-58），具体体现在 5 个方面。

① 有效实现代理金融客户会员管理，当客户注册成为邮惠万家平台会员并通过代理金融身份认证时，就对应享有当地会员差异化服务、积分等权益。

② 根据会员等级提供差异化服务优惠，邮惠万家平台会员通过身份认证确认其在金融客管系统 VIP 等级，平台按会员级别提供不同程度的本地商家服务优惠。

图 4-58　会员等级差异化服务优惠

③ 实现会员定期特惠活动，平台针对不同客户群体，整合商家资源定期策划优惠力度较大的"特享""特惠"活动，联动代理金融网点主题营销活动，保持平台热度，提升会员体验。

④ 实现会员积分增值服务，代理金融客户在邮惠万家平台上的会员信息管理、积分生成、积分兑换、积分应用与各类线上平台和线下网点活动及增值服务支撑。

⑤ 板块联动叠加其他非金融服务，持续叠加农村电商、自由一族车主服务、报刊、集邮等多项邮务业务，有利于各专业发挥协同效应并进行整合营销，实现邮务业务与金融业务的融合发展。

邮惠万家系统在商家端实现了本地生活服务资源的整合，系统引入本地优质生活服务类商家。从餐饮美食、休闲娱乐、美容美发、购物服务、周边游乐等行业入手择优进驻，重点满足用户在吃、喝、玩、乐、游、娱、购方面的多元化需求。

邮惠万家系统还建立了商家管理机制（图 4-59）以及商家准入、商家淘汰、日常管理和营销策划机制,科学合理地开发本地周边商户,通过活动策划、商家评价、商家巡检等形式不断加深巩固与商家的合作,并实现后台数据库管理。通过保持优良商家的活跃热度,提升平台点击量,为等级会员提供长期有效的非金融增值服务。

图 4-59　员工中心——商家管理

思考题

请思考邮惠万家项目与其他竞品相比优劣势各是什么?

实践题

请给邮惠万家项目再新增一个功能。

4.7　优阅中国

4.7.1　项目背景

随着移动互联网的蓬勃发展,数字化阅读浪潮业已成形。2017年《政府工作报告》提出:"大力推动全民阅读,加强科学普及",作为互联网背景下的新型阅读行为,数字阅读顺应了时代潮流。据2017年第三届中国数字阅读大会发布的《2016年度数字阅读白皮书》显示:2016年,中国数字阅读用户规模已超过3亿人,市场规模已经达到了120亿元左右,增长率达25%,同比提升6.5个百分点。在3亿多数字阅读用户之中,"80后""90后"是主要群体,占比高达64.1%。

全媒体时代纸媒日益衰败,邮政传统报刊业务需破局求变。从微博、微信到客户端、播客,各种新技术、新应用势不可挡地进入了人们的生活,深刻地影响和改变了信息传播的模式和途径。当前,人们通过互联网获取新闻资讯、信息交流、娱乐消遣已成习惯,网络成为人们生活中不可缺少的工具之一。纸媒则因其排版、印刷、物流、销售等环节的制约,无法在时效性上与网媒相比。

报刊业务是中国邮政最基础的标志性业务之一,近年来在互联网等新技术的冲击下,邮政纸质报刊业务已呈现衰败迹象,而"互联网+报刊"已经成了传统报刊业务破局求变的发展趋势和契机。

党的十八大、十九大多次提到"美丽中国",向世界展示一个最美丽的中国。"美丽中国"是中国共产党第十八次全国代表大会提出的概念,"美丽中国,山要绿起来,人要富起来。为了让世界更好地了解中国,也为了让中国更好地了解世界"。十八届五中全会上,"美丽中国"被纳入"十三五"规划,首次被纳入五年计划。2017年10月18日,习近平同志在十九大报告中指出,加快生态文明体制改革,建设美丽中国。

"美丽中国"带领用户穿越中华大地的时间和空间经纬;追寻中华文明传承自然地理、文化历史的故事;展现中华文明的行进轨迹;在国际化的视野下,表现华夏文明的独特景观、风俗、娱乐、审美和思辨,展示中国的、各地的、各民族的灿烂文化遗产。

4.7.2 项目概述

优阅中国是以"美丽中国"移动多媒体展示为主打,整合本地资讯、深度阅读、报刊等数字内容,面向机构及个人用户的移动阅读平台。平台以省级邮政作为独立运营主体,以机构"线上阅览室"为主营收费产品,对外主打"美丽中国""全民阅读"和"互联网+"概念,是邮政传统报刊发行业务转型发展的积极探索。

优阅中国定位于美丽中国传播窗口、政府全民阅读移动门户、个人品质内容订阅平台和企事业单位线上阅览室。如图4-60所示,优阅中国项目整合美丽中国、图书杂志和新闻资讯三方面的内容,服务于大众读者和机构用户两个目标群体。此外,优阅中国项目通过向机构用户销售阅览室及附加服务等取得收入。

优阅中国产品架构主要分为线上App和后台系统两部分,详见图4-61。

优阅中国App具有五大功能模块,分别是资讯、深度、美丽中国、书刊和"我的"模块(如图4-62所示),各个模块的功能如下。

① 资讯模块:基于用户的定位和兴趣,7×24小时动态更新全网热点资讯。针对机构用户,还会精准推荐行业资讯,让机构第一时间了解市场信息、行业走势。

② 深度模块:精选不同品类期刊优质内容,让用户及时、便捷、免费享受深度阅读。

③ 美丽中国模块:利用多媒体手段,最大程度适配各省市特色,从人文历史、自然风光、美食特产等方面多方位立体化展示城市之美,成为省市地方形象的移动互联网展示传播窗口。

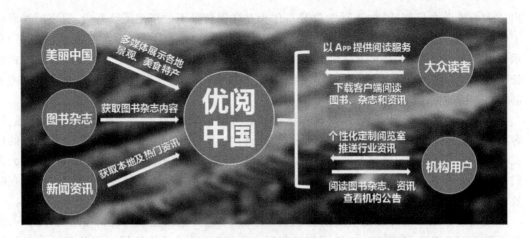

图 4-60 优阅中国运营模式

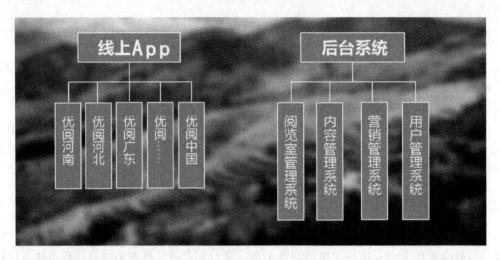

图 4-61 优阅中国产品架构

图 4-62 优阅中国 App 五大模块

④ 书刊模块：覆盖邮政畅销精品图书期刊，用户可下载离线观看。针对机构用户，提供内刊发布及阅读反馈、领导即时推荐功能、员工分享阅读等个性化服务，打造机构客户专属线上阅览室。

⑤ "我的"模块：该模块提供书架、收藏、消息、购买记录等信息的管理和版本更新、客户服务、使用帮助等辅助功能。

优阅中国的目标用户群体可以分成 4 类。

（1）各类图书馆

图书馆渠道是项目重点拓展的方向。近些年，人们的阅读习惯发生了极大改变，不再依赖于纸质图书，而将目光投向了数字阅读。高校、中小学图书馆，甚至各级公共图书馆、企业图书馆都面临着巨大的压力，同时也在寻求转型发展的机会。

优阅中国是一个藏书册数多、阅读方便、便于携带的移动图书馆，相比方便性不是很高、管理成本较高的纸质图书馆，其有明显优势。

（2）政府机关、事业单位、央企、国企机构用户

政府机关、事业单位、央企、国企都有打造自有阅读平台、培养和建设组织文化与企业文化的迫切需求。"优阅中国-阅览室"是优阅中国项目针对大型企业、政府机关等机构用户设计的个性化移动电子阅览室产品。"优阅中国-阅览室"以推动机构组织文化建设为最终使命，以阅读为核心，从企业文化的精神层面、制度层面、物质层面为组织文化建设方面提供领先的解决方案。

（3）中小企业机构用户

目前我国中小企业缺少系统完整的企业文化体系，缺少必要的理论指导和规范，很多中小型企业的领导者都已经意识到企业文化对企业发展的重要作用，也在不断地努力加强企业文化的建设。"优阅中国-阅览室"的产品定位是以阅读为中心建设一站式的组织文化解决方案，对提高中小企业员工的基本素养，塑造企业文化，形成企业全新的发展活力，增强其竞争力，具有重要理论意义和现实意义。

同时"优阅中国-阅览室"是电子阅览产品，为中小企业节约了建设文化活动中心所需要的场地成本（需要占据大量场地来保存图书、进行员工活动交流等），以及人员管理成本。

（4）社会个人用户

在全媒体时代，数字阅读已经成为人们获取知识和信息的重要方式，优阅中国拥有强大、实时的各类资讯以及行业的资深阅读资源，可以满足儿童、青年、老人用户多层次的阅读需求。

优阅中国项目整合了中国邮政报刊发行渠道资源优势，推动了报刊发行的数字化转型。其将书刊内容与其他内容（如各类资讯、阅览室等）相结合、免费阅读与收费阅读相结合、标准化产品与各省市个性化产品相结合，自主开发数字阅读网站、安卓和苹果手机及平板电脑应用软件，独创"免费资讯＋精品内容＋优质书刊"三维内容架构，满足了用户多样化阅读需求。

优阅中国还具有独立的营销管理系统，拥有机构管理、营销员信息管理和营销员业绩管理等功能。营销员在系统注册后，通过其营销推广下载的 App，日后产生的所有交易都将在营销系统中计入该营销员业绩，业绩统计清晰。

4.7.3 项目意义

优阅中国的创建与开发是邮政传统报刊发行进入数字出版发行和文化创意时代的积极探索与实践,它是邮政报刊发行在互联网领域创立数字发行新的商业模式,是传统业务模式的创新和发展,可丰富邮政报刊发行渠道内涵,增强其影响力,是邮政报刊发行可持续发展战略的具体实践。

优阅中国是低成本高效业务,与传统发行业务相比没有任何中间成本(如分拣封发、运输、投递等),只有运营管理成本和市场销售成本,投入的人力成本远低于实物发行。电子出版物的版权使用成本和网络运营成本占25%~30%,邮政可得到70%的毛利,按照每个年卡100元,平均每个省级行政区域(除港、澳、台)年销售10万张计算,总体销售额可达到3.1亿元,毛利润可达2.17亿元。

优阅中国将借助遍布全国的邮政营销网络资源优势,以优惠的消费政策引导消费,扩大社会知名度和影响力,建立有效的激励机制,实现网点销售和网上及多种方式付费的营销模式。在发展主流业务的同时,重视开发更多的增值业务,如出版商专卖店、网上书店、出版物网上推广,力争在未来3~5年把优阅中国建设成为内容丰富的综合媒体数字发行平台。

思考题

请思考优阅中国与其他主流新闻阅读类软件的异同。

实践题

如果要给优阅中国新增一个功能,你会增加什么呢?

4.8 线上报刊订阅

4.8.1 项目简介

随着互联网尤其是移动互联网的发展,传统的邮政报刊订阅业务面临着阅读电子化、报刊发行多样化等多种挑战,因此,邮政报刊订阅需要顺应时代发展潮流,积极探索在线报刊订阅,为广大读者提供更为便捷、优质的订阅服务。而在线报刊订阅就是以报刊核心系统(报刊生产系统,NPS)为基础,依托微信、App和网站3个在线渠道,拓展纸质报刊收订服务的"互联网+"项目,其主要面向读者终端客户,提供报刊的搜索查询、订阅、退订、在线试读等服务。

腾讯旗下企鹅智酷公布的《2017微信用户&生态研究报告》显示,截止到2016年12月,微信全球共计8.89亿月活用户。微信已是当前中国使用人数最多的社交工具之一,因此微信平台是当前发展报刊订阅拓展性最强的渠道。但是基于微信开放接口的功能开发，有诸多限制，要推进在线报刊订阅的发展，就必须拓展 App 订阅服务。因此在线报刊订阅形成了以"中国邮政"微信服务号订阅为主体、以中国邮政报刊订阅网（bk.11185.cn）和中国邮政 App 为两翼的订阅架构。

4.8.2　在线报刊订阅的框架设计

1. 总体架构

报刊订阅是邮政的传统业务，经过多年的发展，现已形成一套完整的业务体系，主要包括收订和投递两个环节。在收订上，以 NPS 为核心，提供报刊目录制作、价格计算、收订要数、资金清分结算等后台支撑服务，通过线下网点、投递员上门，线上微信、网站和 App 多种渠道面对读者提供报刊营销推广和收订服务。现有报刊业务平台体系如图 4-63 所示。

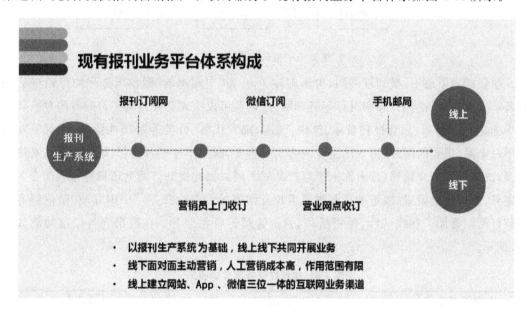

图 4-63　现有报刊业务平台体系

在投递环节，主要依托邮政投递网络，进行报刊的到户投递。即报纸杂志出版之后，交付邮政各邮区中心局，邮区中心局分发后，交付给报刊对应地址的投递局，投递局再按照街道门牌号，对所属投递区域划分具体的段，一个投递员负责一个段道，投递员每天打印所属段道的报刊投递卡，按照投递卡片进行到户投递。

在收订与投递的衔接上，则主要依托名址匹配，即客户填写地址后，会根据客户的地址进行投递局和投递段的划分，并将客户的订单以"投递卡片"的形式划归到具体的投递局和投递段。整个收订和投递环节见图 4-64。

2. 在线报刊订阅各渠道主要功能

在线报刊现已构建微信、网站和 App 三位一体的互联网收订体系，3 个互联网渠道统一对接报刊 NPS 核心系统,由 NPS 核心系统通过 API 向互联网渠道输出报刊目录、进行价格查询和要数处理。

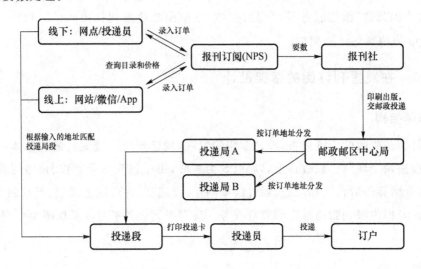

图 4-64　报刊作业流程图

在互联网渠道中,报刊订阅网、中国邮政 App 和"中国邮政"微信服务号均可以进行报刊目录搜索查询、报刊订阅和退订等基础服务,以及可以实现公费订阅中订阅券的兑换。因 NPS 里的报刊目录,只有报刊名称、价格、刊期、邮发代号、分类等基础性信息,而对于互联网用户来说,报刊的图片、报刊的主要内容至关重要,既是丰富平台内容、增强页面美观度的需要,也是报刊推介营销、读者深入了解产品的需要。因此报刊订阅网还具有报刊简介的录入完善、微信目录设置、改址和报刊投递卡片查询等后台支撑服务,"中国邮政"微信服务号报刊订阅则叠加了在线试读、促销活动、营销管理等特色服务。在线报刊各渠道功能如表 4-6 所示。

表 4-6　在线报刊各渠道功能表

互联网渠道	基础功能	特色服务
报刊订阅网	报刊目录查询、展示、订阅、退订、订阅券兑换	报刊简介录入完善、改址、目录设置、投递卡片查询、报刊社服务
中国邮政 App	报刊目录查询、展示、订阅、订阅券兑换	
"中国邮政"微信服务号	报刊目录查询、展示、订阅、退订、订阅券兑换	在线试读、促销活动、营销管理

报刊订阅网开放的报刊简介、目录设置等服务,统一供 App 和微信服务号调用,同时,报刊订阅网后台统一汇聚了网站、App 和微信的订单,提供订单统一查询服务,且 App 和微信的订单若需改地址,需要登录报刊订阅网进行改址操作。

鉴于报刊订阅网和中国邮政 App 的报刊订阅框架和功能相对比较简单,且微信订阅推广应用相对灵活,因此,这里主要讲微信报刊订阅的框架设计和思路。

3．页面框架

在页面设计上，微信报刊订阅参照主流互联网产品的设计，共设置了首页、分类、购物车和"我的"4个模块。

（1）首页

首页是微信报刊订阅的焦点，因此，其主要承担各功能入口以及广告运营服务，同时，报刊订阅是一项地域性很强的业务，同一个报刊不同区域价格或刊期都有可能不一样，因此，根据城市定位展现区域特色和实现本地运营是一个关键功能。基于以上考虑，微信报刊订阅首页的主要功能为：定位、报刊搜索、广告服务、活动入口、订阅券入口、在线试读入口、优质刊物推荐等。在设计上，遵循"极简、干净、唯美"的原则，结合推广需要和客户需求，广告和优质报刊重点展示，各大入口简单化穿插，按照"定位切换—焦点图—各大核心功能入口—核心报刊推荐"逻辑层次进行排版，如图4-65所示。

（a）微信报刊首页

（b）微信报刊分类页

图4-65 微信报刊首页和分类页

（2）分类

通过邮政发行的报刊有一万多种，每种报刊有不同的目标人群，因此，需要对报刊按照刊物性质和阅读群体进行分类设计，其目的在于更好地帮助读者用户订阅适合自己阅读兴趣的报刊。在分类上，重点突出"亲子教育""老年报刊""教辅资料""商务精英""党报党刊""专业期刊"等畅销或学术性、专业性强的刊物，做到有的放矢。

（3）购物车

将读者感兴趣的报刊放在一起便于集中结算。

(4)"我的"

"我的"模块是用户使用最多、最为关心的服务。任何一个互联网产品,如果没有清晰的"我的个人中心",都是不合格的产品。个人中心一般承担着订单展示、地址管理、个人信息、优惠券等功能。微信报刊订阅的"我的"主要包括了"我的订单、地址管理、订阅助手、退订退款"等。

4. 功能框架

在功能服务上,微信报刊主要涵盖了"面向普通用户、面向邮政员工和邮政企业"两大块功能。

面向普通用户的功能,其设计的重点是,要让读者快速地找到自己想要订阅的报刊(通过搜索或者分类),找到报刊后能够查看报刊的主要介绍或者试读几篇文章以判断是否契合自己的阅读需求,通过优惠促销活动增强其购买欲,客户想要购买,可以将其加入购物车或者立即购买,填写收报地址信息并支付后,可以快速查看订单是否已完成,阅读一段时间后如发现对报刊不感兴趣,可以退订。

因此,面向普通用户的功能主要围绕报刊订阅流程来考虑,即报刊的查找、报刊内容的简介、加入购物车、提交订单、地址管理、付款购买、查看我的订单、进行退订操作、查询订阅助手、进入活动页面参与活动、进入在线试读模块阅读报刊文章等功能。

面向邮政员工和邮政企业的功能,其设计的重点是,要激发邮政员工的积极性。在互联网产品的推广前期,邮政不可能像社会互联网企业一样烧钱积聚流量,而只能依靠线下邮政员工以"拉人头"的方式积累原始用户、创造流量。因此,线下员工推广至关重要。

结合微信转发和分享的功能,首要考虑的是怎样将客户与邮政员工建立绑定关系,让客户的订阅行为记录到邮政员工的推广功劳上,并给予员工一定奖励。从这个角度出发,微信报刊设计了一套营销管理系统,只要邮政员工注册了营销员,则给每个员工分配一个营销码,并且把这个营销码嵌入微信报刊的每个页面,并在每个页面设计了一个"生成页面二维码"的操作,营销员转发链接或二维码给客户,客户点击链接或者扫二维码订阅报刊,就可以将客户与邮政营销员实现绑定,客户以后在微信报刊里每购买一份报刊,都可以算作绑定的邮政员工的业绩。

此外,在邮政企业管理上,各级邮政管理员可以看到每个邮政员工的业绩,以及发展了多少客户,就可以进行报刊任务分解、业务通报和制定奖励政策,对微信报刊进行有效管理。而为了让邮政员工更加容易发展客户,各级管理员还可以举办打折、赠送、满赠、抽奖等促销活动,进而达到微信报刊的有效管理。

4.8.3 微信报刊订阅的主要操作

1. 微信报刊订阅

报刊微信订阅在"中国邮政"微信服务号上,要进入微信报刊订阅,需关注"中国邮政"微信服务号,点击"微邮局→报刊订阅"进入,如图 4-66 所示。

图 4-66　进入微信报刊操作指引

2. 订阅和退订

订阅和退订是微信报刊的基础功能,也是客户使用最多的功能,主要操作如图 4-67、图 4-68、图 4-69、图 4-70 所示。

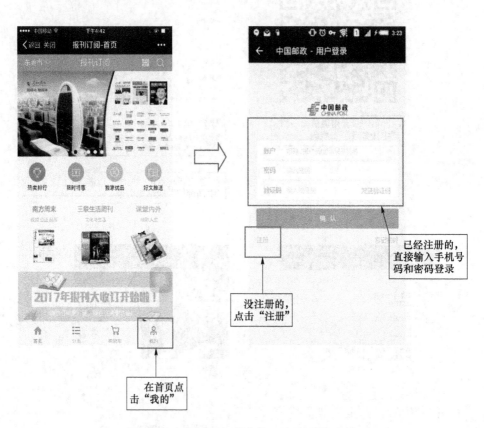

图 4-67　订阅和退订操作第一步:注册和登录

第 4 章　邮政电子商务业务

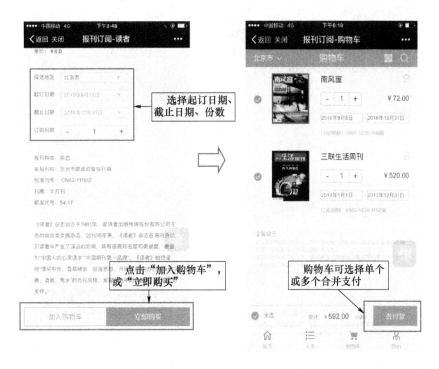

图 4-68　订阅和退订操作第二步：找到想要购买的报刊，填写订阅起止日期和份数

图 4-69　订阅和退订操作第三步：填写收报地址，确认订单

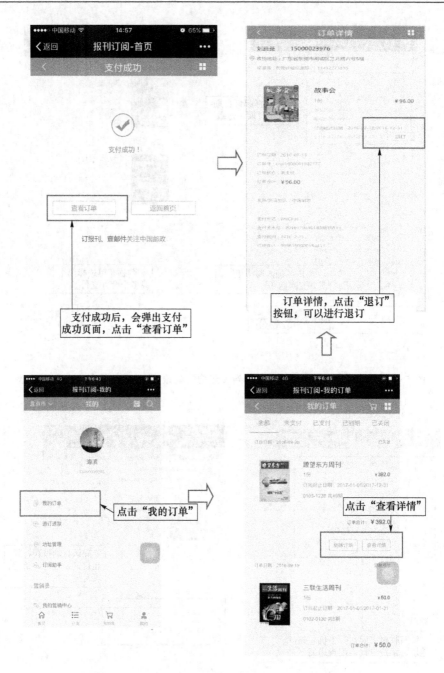

图 4-70　订阅和退订操作第四步:查看订单及退订

3. 分类和查找

查看报刊分类和查找报刊如图 4-71 所示。

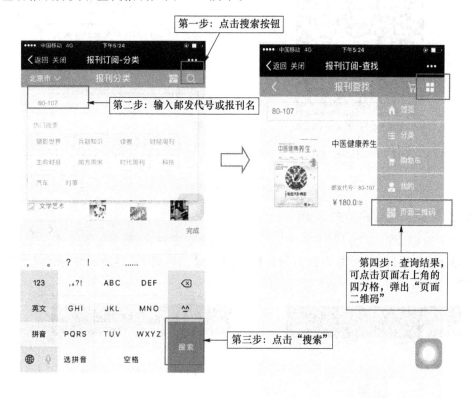

图 4-71　查看报刊分类和查找报刊

4.8.4　微信报刊订阅的营销推广

因投递员是报刊订阅的主要营销力量,怎样让线上的收订行为记录为投递员的收订业绩,并对他给予酬金奖励是在线报刊能否发展起来的关键。基于这样的考虑,微信报刊设计了一套完整的客户绑定和业绩计算系统,用于激发邮政员工发展报刊的积极性。

营销业绩计算的主要规则为:营销员自己下的单,业绩算自己的,营销员的客户下的单,业绩算营销员的。

1. 营销员注册

要将客户的收订行为记录为员工的营销业绩,首先邮政员工要注册营销员,注册完成之后,即拥有了自己的营销码,如果邮政员工再用注册营销员的手机号码注册一遍微信报刊账户,即可将营销员与微信报刊建立映射关系,并把这个营销码植入微信报刊的每个页面。客户只要通过带有营销码的页面或者链接去订阅报刊,即可建立绑定关系和记录业绩到该营销员。注册的方式如图 4-72 所示。

图 4-72 注册邮政营销员

2. 发展和绑定客户的主要操作

注册完营销员和微信报刊账户之后,可发展和绑定客户,主要有以下 3 种方式。

方法 1 扫码绑定:让客户扫一扫营销员的专属二维码,客户注册并登录后即实现绑定,如图 4-73 所示。

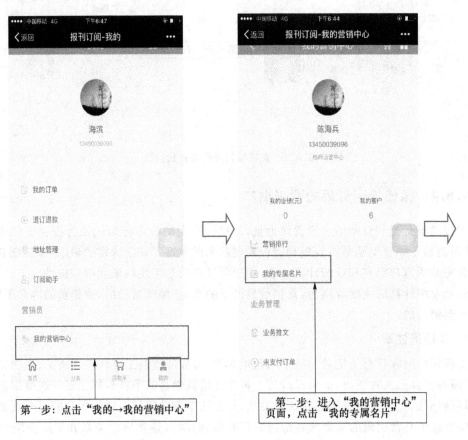

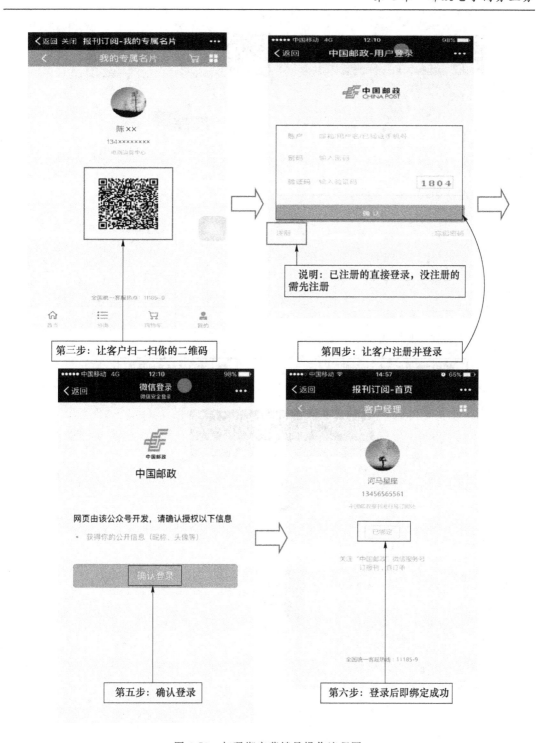

图 4-73 扫码绑定营销员操作流程图

方法 2 输入手机号绑定:让客户关注"中国邮政"微信服务号,点击"微邮局→报刊订阅",再点击"我的",注册并登录后,点击"我的邮政客户经理",直接输入营销员(投递员)的手机号码,关联并绑定。具体操作如图 4-74 所示。

图 4-74　输入手机号码绑定营销员操作流程图

方法 3　发送链接绑定：将页面发送给朋友或分享到朋友圈，或直接复制并粘贴链接给朋友，让其打开链接，点击"购买→注册登录→下单支付"，实现绑定。

3. 营销员业绩查看

营销员绑定的客户或者自己订阅产生的业绩，在微信报刊前端都可以查看。具体操作流程如图 4-75 所示。

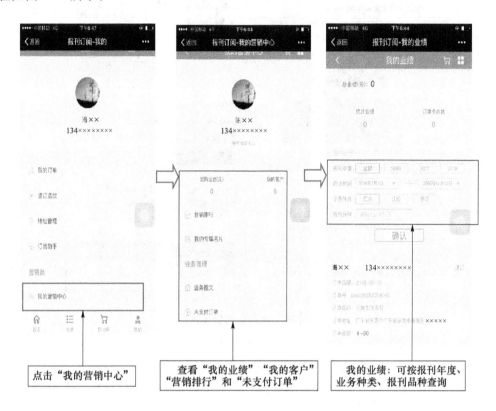

图 4-75　营销员业绩查看操作流程图

4.8.5　微信报刊管理后台的主要操作

微信报刊管理后台的主要作用是对前端的产品、页面广告呈现、活动和在线阅读文章进行上传管理。

1. 推文的编辑上传

在线推文的主要目的在于让客户通过阅读某一本杂志的部分文章，产生订阅的兴趣，进而引导订阅。前端页面如图 4-76 所示，每篇推文下面设置有订阅快速入口。

2. 活动的上传

任何一个平台要发展壮大都离不开促销活动。微信报刊订阅也是一样，目前微信报刊已开发了"直接打折、赠送、满赠和抽奖"4 个促销活动，每个促销活动都可以直接在后台录入。活动可以只针对某个地市，或某个省，或在全国范围内举行。具体操作如图 4-77 所示。

图 4-76　微信报刊推文页面

（a）第一步：录入活动相关说明和限制条件

(b) 第二步：选择活动类型、设置报刊的库存和单人限购数量

(c) 第三步：添加活动报刊

(d) 第四步:添加活动礼品或兑换券,兑换券以短信形式发送给客户

图 4-77　活动上传操作流程图

3. 相关统计报表

除了正常的功能外,后台还有营销员业绩、机构业绩和双达标(客户数超 50 人,业绩超 5 000 元,业绩中营销员自己下单的比例高于 70%)等相关统计,其主要目的在于业务通报和层层压力传导,以进行项目管理。

4.8.6　在线报刊订阅的发展趋势

当前,在线报刊订阅还只是提供纸质报刊的收订服务。在纸媒日渐式微的背景下,电子阅读和视听内容服务崛起,如喜马拉雅和得到等。同时,基于普通大众的纸媒内容面对互联网的冲击,已逐步免费化,而基于知识性、趣味性的内容服务则逐渐向版权化、付费化发展。

纸媒作为一种阅读介质,依然会有其存在的价值。尤其是在老人、儿童和学生三大群体的教育上,纸媒依然焕发着生机。因此,在线报刊日后的发展一定是纸媒和在线阅读及试听服务并驾齐驱。

一方面,在线报刊应该进一步完善纸媒订阅相关功能服务,例如,开通公费订阅,以及针对纸媒可以直接点击并选择在线试读部分章节,引导客户订阅;另一方面,在线报刊应该发挥邮政代理销售渠道优势,借鉴爱奇艺的运营模式,以"合作分成"的形式,向上接入和整合更多试听内容及服务,按照"免费+付费"的互联网产品设计和运营原则,推出多种服务套餐。此外,在线报刊还可以借鉴当前文化传播企业的模式,把试听服务内容嵌入实物的文创产品里,打造"实物+内容"的阅读产品。

与之相对应的是,在线报刊订阅应跳出报刊的领域范畴,在拓展图书、试听和文创产品的同时,摒弃名址匹配的落后生产方式,而转接地图导航模式,更快接入客户服务,并能够转变报刊的投递方式,借鉴快递企业的投递方式,接入物流信息,实时告知客户所购产品最新信息,让客户的体验更上一层楼。

思考题

1. 报刊订阅的基础功能主要有哪些?
2. 结合你对在线报刊的理解,你觉得在线报刊订阅还需要开发哪些功能模块?
3. 假设你是一个营销员,可采用哪些方式去发展和绑定客户?
4. 如果让你来运营微信报刊订阅,你觉得还可以采用哪些方式让客户变成微信报刊的粉丝,并且订阅报刊?
5. 你认为在线报刊订阅日后的发展趋势还有哪些?邮政怎样才能在报刊订阅领域继续发挥领头羊角色?

实践题

1. 如果让你来设计在线报刊订阅的页面,你会设计哪些模块?请结合 Auxre RD 软件给出具体的页面原型。
2. 请尝试绘制整个报刊作业流程图。

4.9 网厅客服支撑

4.9.1 主要职责

网厅客服支撑原则上归口中国邮政电商分销局管理,网厅客服工作通过外包的形式由江苏邮政 11185 客户服务中心承担,各省 11185 客户服务中心作为各省对口网厅客服的调度中心,各省分公司需赋予本省 11185 客户服务中心业务处理台席相关工作权限,使其具备能力处理来自网厅客服的各类工单。

网厅客服的主要职责如下。

(1) 服务支撑

负责受理客户咨询、查询、投诉和建议;负责来电客户信息维护;根据业务部门的要求实施外呼服务;负责提供相关话务和业务统计报表。

(2) 调度派揽

作为业务受理流程中的一个环节,记录客户需求,对于能直接处理并回复用户的业务(服务),由网厅客服直接处理并办结。对于需要各业务部门及各省处理的业务,由网厅客服生成相应的工单,通过"中国邮政工单集中应用平台"(以下简称"工单应用平台")派发至业务部门或各省调度中心。

(3) 业务经营

作为邮政业务的受理渠道之一,按照相关规定办理可电话支付的各项业务;实施省邮政分公司或省电子商务局(公司)制订的话务营销和生产经营计划。

(4) 员工培训

负责做好客服代表的岗位适应性培训;按照集团公司内训师管理有关规定,推选内训师,并组织员工培训。

4.9.2 主要业务工作流程

1. 咨询、查询类业务

受理咨询类业务,要按照系统提供的知识库答复客户;受理查询类业务,要按照系统提供的信息答复客户;系统提供的知识库信息不足时,要形成咨询、查询工单,以全国工单流转的方式派发至业务部门或各省调度中心,由其答复客户,并将处理结果在工单中反馈。具体流程如下。

客户接入时,客服代表通过11185知识库系统或相关查询系统获取信息并及时答复客户,不能及时解答的问题,转接专家台席或寻求值班长的在线帮助后再答复客户;或者根据不同业务种类在"工单应用平台"中生成工单,提交给网厅客服后台处理人员,由后台处理人员答复客户并在11185工单系统中反馈处理结果后办结。

若网厅客服后台处理人员仍无法处理问题,应由后台人员在1小时内派发至业务部门或各省调度中心处理或办结。业务部门或各省调度中心能直接答复客户的,由相关人员答复客户并将处理结果通过"工单应用平台"反馈给网厅客服。如果业务部门或各省调度中心不能直接答复,需要相关责任单位来处理的,由业务部门或各省调度中心在1小时内将工单转派至相应责任单位处理。相关责任单位与客户联系并解答后,在1个工作日内形成答复意见并反馈给业务部门或各省调度中心。之后再由业务部门或各省调度中心,在收到责任单位的答复意见后1小时内,在"工单应用平台"中录入处理结果。

网厅客服后台处理人员查看处理结果,未在规定时间内反馈处理结果的,要进行催办,直到办结为止。

网厅客服后台处理人员要根据工单处理情况进行客户回访,了解并记录客户满意情况。

网厅客服后台处理人员根据咨询、查询的情况,不断整理11185知识库和典型案例,提高客服代表咨询、查询的业务水平。

2. 经营类业务

网上营业厅开办的报刊订阅、集邮品销售、商旅预订等经营类业务,用户有需要的,网厅客服负责指导用户在网上自助办理,或用户可拨打相关客服电话进行预订。

3. 投诉处理类业务

对网厅客服开办的相关业务,如有投诉或需相关部门处理的,均由网厅客服代表记录客户订单信息,形成工单,提交业务部门和各省调度中心处理。客服代表将客户在使用邮政业务过程中所产生的投诉、建议等信息以工单形式录入系统;网厅客服在规定时限内将工单派发至业务部门或各省调度中心,并进行跟踪和催办。相关业务部门或各省11185客服调度中心应在规定时限内处理完毕、回复客户,并反馈给网厅客服。遇有重大情况或疑难问题、涉及新闻媒体曝光、无法处理或超过处理时限仍未能解决的投诉等,网厅客服应在2个小时内报中国邮政电商分销局,并向本省邮政公司汇报。

网厅客服应随机回访客户,发现客户对投诉处理结果存在异议的,要及时将客户意见反馈至相关业务部门或各省调度中心,由相关业务部门或各省调度中心再次处理。网厅客服每月要汇总、分析投诉处理情况,报至中国邮政电商分销局。

4. 业务的新增和撤销

当发生业务开办、变更、撤办时,为确保客服代表及时掌握业务内容,业务部门通过填写"网厅客服客户服务申请表",提供业务类别、情况说明、处理流程、标准问答模板等信息,并于业务变动前3个工作日以上提交,经集团公司电商分销局批准后,由集团公司电商分销局安排网厅客服提供相应服务。网厅客服应及时收集、整理客户相关建议,并以文档形式汇总并提交至中国邮政电商分销局,由电商分销局评估并筛选出有效建议,提交给各业务部门和相关单位,以促进系统完善、业务优化和流程改进。

5. 服务安全与人员培训考核

为统一中国邮政对外服务形象,网厅客服应采用全国统一的服务标准,包括统一的服务时间(9:00-22:00)和统一的服务规范。网厅客服与各业务部门及各省调度中心之间应建立沟通联系机制,明确相关联系人和职责。业务部门应及时提供相关业务的准确资料,网厅客服负责向相关部门提供相关业务统计报表。当邮政企业出现服务质量问题,需要网厅客服统一向客户解释时,业务部门须以书面形式提供解释内容,网厅客服应做好解释工作。网厅客服每月要汇总并评价各专业部门及各省分公司的客户服务质量情况,对服务质量提出改进意见,报送集团公司相关部门。

网厅客服代表入职一年后需通过邮政企业通信信息业务员职业技能鉴定考试,需持证上岗。网厅客服新聘用人员的上岗前培训由江苏省邮政11185客户服务中心组织,各业务部门要提供相关业务方面的培训支持。网厅客服应加强内训师队伍建设,组织好话务技巧等日常培训,保证50%以上的员工每年参加培训累计不低于40学时。网厅客服要参照行业标准,对网厅客服主管人员逐步实行行业认证培训及考核。客服代表应熟悉邮政各类业务知识,具备行业客户服务代表基本素质;具备计算机操作的基本技能,中文录入每分钟80字以上;具备良好的沟通能力,普通话达到国家普通话水平测试二级(含)以上标准。

网厅客服应根据业务量变化周期做好日常排班管理,有效提高人工接通率。集团公司将会采取会话抽查、应答准确率、现场巡视等方式监控客服代表工作情况,生成质监报告。集团公司将监控网厅客服的运行,定期通报有关情况,并负责加强对网厅客服的管理和考核,中国邮政电商分销局结合实际确定网厅客服绩效考核指标。

思考题

1. 简要描述咨询、查询类业务的工作流程。
2. 业务的新增和撤销需要提供哪些信息?

实践题

1. 使用网厅客服实现一个业务咨询,并对咨询过程给出评价。
2. 每4名同学一组,2名同学模拟客户进行业务咨询,另外2名同学模拟11185客户服务、网厅客服人员,对咨询进行处理,完成一次模拟之后进行角色互换。

参 考 文 献

[1] 商务部电子商务和信息化司.中国电子商务报告 2017[M].北京:中国商务出版社,2018.
[2] 中国互联网络信息中心.第 42 次《中国互联网络发展状况统计报告》[EB/OL].[2018-08-20]. http://www.cnnic.net.cn.